FERN UND NAH

von Friedemann Dupelius

»Wer immer still zu Hause hockt, kann trotzdem der größte Streuner sein.«
Henry David Thoreau

Die Entfernung eines Reiseziels sagt nichts über eine Reise aus — außer wie weit es davon entfernt ist, wo man wohnt. Fernreisen sind nicht automatisch spannender. Auch Regionen wie der Schwarzwald, das Erzgebirge und der Ruhrpott wollen erforscht sein. Fußballfan sein hilft mir bei meinen Expeditionen in die Nähe. Von Auswärtsfahrt zu Auswärtsfahrt schlage ich größere Schneisen ins zuvor Dunkle der Landkarte — wie bei Age of Empires will ich sie so weit aufdecken wie nur möglich. Ich bin ein Späher, der seine Umgebung auskundschaftet, vom Kiosk um die Ecke bis zum Flusslauf zwei Stunden weiter. Mit dem ganzen Globus könnte ich diesen detaillierten Entdeckungsdrang schwer umsetzen; ich könnte vielleicht eine Weltkarte vollpinnen, aber zwischen den Nadeln bliebe hauptsächlich schwarz — keine Zusammenhänge.

In die Nähe zu reisen hat für mich wenig mit Heimatduselei und Traditionspathos zu tun. Mich interessiert der Ort, an dem ich bin — ob ich dort aufgewachsen oder erst vor zwei Monaten zugezogen bin. Zu ihm möchte ich eine Verbindung herstellen, wissen, wie er und seine Bewohnerschar ticken. Es ist eine Mischung aus Neugier und Detailverliebtheit, die mich auch durch eine scheinbar nichtssagende Nachbarschaft wie ein Pfadfinder oder Investigativjournalist herumstreunen lässt. Die Nah-Erfahrung in der direkten Umgebung stellt Resonanz her, Verbundenheit. Sie hilft dabei, sich in der Welt zu verorten.

In die Nähe reisen macht aufmerksamer. Deutschland hat weder Regenwälder noch weiße Sandstrände. Sieht es deswegen überall gleich aus? Nah-Reisen lässt uns das scheinbar Bekannte neu wahrnehmen. Der zweite Blick auf die nur vordergründig vertraute Landschaft gibt immer Neues preis: Konturen, Farben, Anordnungen, Stimmungen. Kein Ort ist zu zwei unterschiedlichen Momenten exakt derselbe. Zu jeder Jahreszeit offenbart sich mir eine nur zwei S-Bahn-Stationen entfernt gelegene Heide als Landschaft, die sich neu erfunden hat. Und »authentic meetings with locals« kann ich genauso gut an der Tanke in Duisburg-Hochfeld, der Stadionkasse in Dinslaken-Hiesfeld oder der Hof-Pension im Vogtland erleben. Wer in die Nähe reist, schärft den Blick fürs Detail. Nähe und Ferne, letztlich bedingen und durchdringen sie sich gegenseitig. Schaue ich einen schwäbischen Waldhang mit seinen Farnen bloß offen und lange genug an, offenbart sich mir eine unerwartete Tiefe, die in mir die Vorstellung weckt, es wäre 100 Millionen Jahre früher und kleine Laufsaurier würden hier durchs Unterholz huschen. Die Reduktion der äußeren Entfernung führt zu einer Vertiefung der Erfahrung — und was ist Vertiefung, wenn nicht genau: Entfernung?
(Natürlich kann das alles auch 5000 Kilometer entfernt geschehen. Ich behaupte aber, dass das bewusste Aufsuchen naher und vielleicht übersehener, weil »unspektakulärer« Orte eine solche neugierige Haltung fördert.)

Nah-Reisen regt Fantasie und Kreativität an. Thailand ist offensichtlich — doch was könnte an Hagen spannend sein? Wichtig ist Wandern oder Spazierengehen. Sich einen Wald, ein Stadtviertel zu Fuß zu erschließen sorgt für eine Einheit von körperlicher Betätigung, äußeren Eindrücken und innerer Bewegung. Die höchste Steigerung der Nah-Reise ist die innere Reise. Dazu brauche ich keinen Zentimeter aus meinem Zimmer herauszurücken. Diese Reisen sind immer möglich, ihre Ziele unendlich, der ökologische Fußabdruck ist insektenbeinchengroß und der Geldbeutel egal. Wer sich die Fähigkeit zum inneren Reisen aneignet, reist gut, egal ob zum Mummelsee, nach Indonesien oder in eigene Traumgalaxien. Die größten Streuner brauchen keinen Kilometerzähler.

QUER WELT EIN

NACHHALTIG REISEN UND DIE WELT ENTDECKEN

Dieses Buch ist ein Versuch,
Möglichkeiten für nachhaltiges
Reisen über Land und Wasser —
ohne Flugzeug — aufzuzeigen.
Im Wissen, dass hundertprozentig
vorbildliches nachhaltiges Reisen
nicht existiert und der Begriff
»nachhaltig« immer eine persönliche
Definitionsfrage bleiben wird.

PIA WIELAND & TOBIAS ERTEL (HG.)

QUER
WELT
EIN

NACHHALTIG REISEN UND DIE WELT ENTDECKEN

Von
Kurztrip
bis
Fernreise

KNESEBECK

WIE LANGE KANN
EIN TAG SEIN, VON
SONNENAUF- BIS
SONNENUNTERGANG?

WIE MISST MAN
MONATE AUF DEM
SATTEL EINES
FAHRRADS?

WIE LANGE KÖNNEN SICH DREI WOCHEN AUF EINEM KLEINEN SEGELBOOT AUF DEM ATLANTIK ANFÜHLEN?

WIE LANGE KÖNNEN JAHRE SEIN, WENN MAN OHNE FLUGZEUG REIST, UND EBEN JAHRE BRAUCHT, BIS MAN DIE WELT EIN EINZIGES MAL UMRUNDET HAT?

ÜBER LAND UND WASSER
UNTERWEGS MIT ...

SEGELBOOT

FAHRRAD

KAJAK / KANU

ZU FUSS

ÖFFENTLICHE VERKEHRSMITTEL

FANTASIE-GEFÄHRT

PER ANHALTER

AUTO

ESEL / PFERD

FAHRRADBUS

● ● ●

Es kommt auf die Art
und Weise an, auf die
Langsamkeit, auf die
Bewussheit des Reisens.

Auf die Tatsache, dass
es nicht nur einen Hin-
und einen Rückweg
gibt, sondern vielmehr
auch ein Dazwischen.

AUFBRUCH

Und wir fragten uns am Ende, was verbindet all die Texte, die jetzt das Fundament unseres Buches bilden, die per Mail sprichwörtlich zu uns geflogen sind, in Sekundenschnelle dank des Internets, und uns jetzt auf Reisen mitnehmen, die von Jahren erzählen, ganze Monate füllen und uns Tage, in Gedanken daran, so intensiv wie möglich leben lassen. Es ist ganz sicher nicht die Schnelligkeit, die alle Autor*innen, alle Geschichten des Buches verbindet. Es ist nicht die Geschwindigkeit, mit der gereist wird, um so viel wie nur möglich in ein paar Wochen zu sehen. Es ist auch nicht das Abhaken von berühmten Orten. Allgemein wird nicht in Listen, in Strukturen und Plänen, in Dauer, in irgendeiner Form von Zeit gedacht. Alles wird durch Zufall geleitet, durch eine Form des Schicksals, um sich auf Wegen neu zu bewegen, die wieder Gefühle für Entfernung und Zeit entwickeln. Langsamer und bewusster. Verbunden mit Natur und Mensch und somit der Kultur.

Wie lange kann ein Tag sein, von Sonnenaufgang bis Sonnenuntergang? Wie lange können sich drei Wochen auf einem kleinen Segelboot auf dem Atlantik anfühlen? Wie misst man Monate auf dem Sattel eines Fahrrads? Und vor allem, wie lange können Jahre sein, wenn man ohne Flugzeug reist und eben Jahre braucht, bis man die Welt ein einziges Mal umrundet hat?

In uns erzeugt so etwas Gänsehaut. In uns holt sich die Welt beim Gedanken an Entfernung, an Jahre, die wir brauchen, um sie zu umrunden, ihre Wertschätzung, ihren nötigen Respekt zurück, den wir an so vielen Stellen verlernt haben ihr entgegenzubringen. In uns holt sie sich die Selbstverständlichkeit zurück, die Natur und alle Menschen darin zu achten. Und schlussendlich auch den Wunsch, in Kreisläufen zu denken, sie nicht auszubeuten, nachhaltig zu leben und vor allem auch zu reisen. Für uns ist genau das die Lösung und der Grund, warum wir dieses Buch gestaltet haben. Wenn wir beginnen, öfter nachhaltig über Land zu reisen, kann Reisen eine Möglichkeit sein, unsere Welt wieder als wunderschönen Lebensraum wahrzunehmen, schätzen zu lernen und zu pflegen. Dabei ist es nicht wichtig, ob man die Zeit hat, jahrelang per Anhalter um die Welt zu reisen. Oder nur ein paar Wochen mit dem Zug durch Europa. Vielleicht reicht auch ein einziges Wochenende aus, um allein mit der Kraft der eigenen Beine an abgelegene, nie zuvor gesehene Orte in der Umgebung zu gelangen. Es kommt auf die Art und Weise an, auf die Langsamkeit und Intensität des Reisens und des Augenblicks. Auf die Tatsache, dass es nicht nur einen Hin- und einen Rückweg gibt, sondern vielmehr, auch ein Dazwischen. So erleben wir wieder Entfernung. So spüren wir wieder, wie groß die Welt ist, und können uns selbst wieder kleiner fühlen und als Teil davon. Und jedem, der es verlernt hat, kann man nicht wirklich einen Vorwurf machen. Wie auch, wenn die Welt dank Flugzeugen in weniger als 48 Stunden, einem einzigen Wochenende, umrundet werden kann. Henry David Thoreau hat im 19. Jahrhundert gesagt: »Gott sei Dank, dass die Menschen noch nicht fliegen können und den Himmel ebenso verschmutzen wie die Erde.« Was würde er wohl heute sagen, im 21. Jahrhundert, in dem dies alles längst alltäglich ist? Vielleicht, dass die Zeit, das Leben, unser Planet, alles, »wie im Flug« vergeht, wenn man das Gespür für Langsamkeit, Weite und Ferne verloren hat.

Tobias Ertel & Pia Wieland

INHALT

TAGELANG IN
DEUTSCHLAND UNTERWEGS ...

TAGE 13

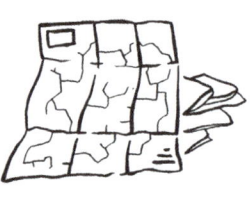

ÖKOLOGISCHER
FUSSABDRUCKTEST 72

WOCHENLANG EUROPA
DURCHQUEREND ...

WOCHEN 41

LEGENDE

 Infoseiten

HAUPTFORTBEWEGUNGSMITTEL
DER JEWEILIGEN GESCHICHTE

Fahrrad   Fahrradbus
Bus, Auto zu Fuß
Zug   per Anhalter
Schiff   Kanu

—

»DIE GRÖSSTEN STREUNER BRAUCHEN KEINEN KILOMETER-ZÄHLER.«

FRIEDEMANN DUPELIUS

LEGENDE

BEREISTE LÄNDER IN …

● beiden Geschichten

------ **HARZEN GEHEN**
1 TAG
zu Fuß, Zug, Bus

········ **ZWEI SOMMERTAGE IN DER EIFEL**
2 TAGE
zu Fuß, Zug

DEUTSCH-
LAND

NATIONALPARKS IN DEUTSCHLAND

13

7

4

16

14

15

12

5

8

9

10

3

6

2

11

1

QUELLE: DEUTSCHE BAHN MOBIL
BOOKLET NATIONALPARKS IN
DEUTSCHLAND; AUSGABE 11/2018

① BERCHTESGADEN

Gegründet: 1978; Größe: 210 km²
Vegetation: Latschenkiefer, Arnika und Silberdistel,
Alpenrose, Frauenschuh, Schwarze Akelei
Tierwelt: Alpensteinbock, Auerhahn, Murmeltier

② BAYERISCHER WALD

Gegründet: 1970; Größe: 242 km²
Vegetation: Au- und Bergfichtenwald,
Mischwald, Hochmoore
Tierwelt: Luchs, Wolf, Auerhuhn

③ EIFEL

Gegründet: 2004; Größe: 110 km²
Vegetation: Buche, Gelbe Wildnarzisse, Hirschfarn
Tierwelt: Biber, Rothirsch, Uhu, Wildkatze

④ MÜRITZ

Gegründet: 1990; Größe: 322 km²
Vegetation: Seltene Riedgräser, große Wachol-
derbestände, 152 Flechtenarten, 593 Pilzarten
Tierwelt: Fisch- und Seeadler, Kranich

⑤ HARZ

Gegründet: 2006; Größe: 247 km²
Vegetation: Fichtenwald, Brockenanemone,
Wollgras auf den Hochmooren
Tierwelt: Raufußkauz, Luchs, Wildkatze

⑥ HUNSRÜCK-HOCHWALD

Gegründet: 2015; Größe: 100 km²
Vegetation: Buchen-, Fichten- und Eichenwälder,
Moore, Borstgrasrasen
Tierwelt: Rothirsch, Wespenbussard, 1400 Käferarten

⑦ JASMUND

Gegründet: 1990; Größe: 30 km²
Vegetation: Buchenwald, Wollgräser, Fieberklee
und Sonnentau in den Mooren, Salz-Binse
Tierwelt: Bachforelle, Erdkröte, Glattnatter, Kranich

⑧ KELLERWALD-EDERSEE

Gegründet: 2004; Größe: 57 km²
Vegetation: Hainbuchenwald, Pfingstnelke
Tierwelt: Schwarzstorch, Wildkatze, Schwarzspecht

⑨ HAINICH

Gegründet: 1997; Größe: 75 km²
Vegetation: Buchenwald. Esche, Ahorn,
Linde, seltene Elsbeere
Tierwelt: Wildkatze, 15 Fledermausarten

⑩ SÄCHSISCHE SCHWEIZ

Gegründet: 1990; Größe: 93 km²
Vegetation: Fichten-, Buchen- und Riffkiefernwälder
Tierwelt: Habicht, Schwarzstorch, Wanderfalke, Uhu

⑪ SCHWARZWALD

Gegründet: 2014; Größe: 100 km²
Vegetation: Mischwald aus Fichten, Tannen, Buchen,
an den Seen Torfmoose und Wollgras
Tierwelt: Alpen-Spitzmaus, Baummarder, Kreuzotter

⑫ UNTERES ODERTAL

Gegründet: 1995; Größe: 103 km²
Vegetation: Auwaldreste, Auenwiesen,
bunt blühender Trockenrasen, Schwimmfarn
Tierwelt: Biber, Fischotter, Seeadler, Wachtelkönig

⑬ VORPOMMERSCHE BODDENLANDSCHAFT

Gegründet: 1990; Größe: 805 km²
Vegetation: Kiefern- und Buchenwälder, Salzwiesen
Tierwelt: Schweinswal, Zander, Seeadler, Kormoran

⑭ ⑮ ⑯ WATTENMEER

Gegründet und Größe:
Schleswig-Holsteinisches Wattenmeer: 1985, 4415 km²
Niedersächsisches Wattenmeer: 1986, 3450 km²
Hamburgisches Wattenmeer: 1990, 137 km²
Vegetation: Salzwiesen, Algen, Queller, Seegras
Tierwelt: Kegelrobbe, Seehund, Krabbe, Wattwurm

HARZEN GEHEN

TEXT UND
FOTOGRAFIEN
VON LISA
SCHLEGEL

HILDES-
HEIM

BAD
HARZBURG

TORFHAUS

BROCKEN

HILDES-
HEIM   BROCKEN

Lisa Schlegel studiert Kulturwissenschaften in
Hildesheim mit den Fächern Literatur und Medien.
Im Rahmen eines fotografischen Projekts, das sie
Ende letzten Jahres umsetzte, hat sie den Hildes-
heimer Wald, den Harz und das Spazierengehen
ganz neu für sich entdeckt. Auf dieser Erfahrung
beruht auch ihr Text.

STRECKE 160 KM ZEITRAUM 1 TAG IM DEZEMBER 2018 FORT-
BEWEGUNG ZU FUSS, BAHN, BUS REISENDE LISA UND SELENA
BEREISTE LÄNDER DEUTSCHLAND

»DIE LEUTE FRAGEN MICH, OB ICH EINE BÖSE FRAU HÄTTE ODER KEIN ZUHAUSE — ABER NEIN, MEINE FRAU IST SEHR NETT, UND ICH HABE EIN SCHÖNES HAUS. DOCH DER BROCKEN ZIEHT MICH MAGISCH AN. ETWAS SCHÖNERES, ALS DURCH DIESEN WALD ZU WANDERN, GIBT ES FÜR MICH NICHT.«

BROCKEN-BENNO

HARZEN GEHEN

—

Als Literaturstudentin muss man viel schreiben, klar, aber ab und zu spielt die Konzentration einfach nicht mit. Die ganzen theoretischen Texte, die noch gelesen und verstanden werden wollen, verstopfen das Gehirn und verlangsamen das Denken, noch nicht vorbereitete Referate kriechen immer wieder aus der Verdrängung hervor und stiften Panik. Wie bei einer überhitzten Festplatte stürzt das neuronale Programm ab, und die Synapsen brennen durch: Updates werden installiert, Neustart erforderlich. Wofür der Laptop seinen angestammten Platz am Schreibtisch in aller Regel nicht verlassen muss, kann uns ein Ortswechsel durchaus von Nutzen sein. Selbst Johann Wolfgang von Goethe nutzte den Harz als Inspirationsquelle für sein Meisterwerk rund um Doktor Faustus. Eine kleine Brocken-Wanderung scheint also ein probates Mittel zu sein, um die Gedankenströme wieder in produktive Bahnen zu lenken.

Heute ist der Harz ein Nationalpark, und der Tourismus als größter Wirtschaftszweig der Region wird immer wichtiger. Doch bevor die Menschen das Mittelgebirge als Freizeitdestination zu schätzen lernten, kamen sie hauptsächlich wegen des Silber- und Eisenerzvorkommens. Schon im Mittelalter begann die Karriere des Harzes als Bergbaustandort, und infolge der intensiven Nutzung lagen bald große Flächen des vormals dicht bewaldeten Gebiets brach. Zwar wurde schon früher versucht, den Konsequenzen der Abholzung entgegenzuwirken, doch nicht sehr erfolgreich. Es wurde mit Fichten aufgeforstet, aber eben nur mit Fichten. Die so entstandene Monokultur führte zu einer drastischen Vermehrung des Schädlings Borkenkäfer, der selbst heute noch in den Wäldern des Harzer Hochlands sein Unwesen treibt. »Gesund sieht anders aus. Das soll ein Naturwunder sein?«, könnte sich der unbedarfte Harz-Neuling da denken. Was er aber nicht weiß: Die sterbenden Fichten schaffen so wieder Platz für neue und vor allem andere Bäume, was ein wichtiger Schritt auf dem Weg zu einem ausgewogeneren und ursprünglicheren Wald ist. Die Menschen haben aus dem Borkenkäfer-Fiasko gelernt und planen, 75 Prozent des Gebiets sich selbst zu überlassen, damit die Natur sich selbst regenerieren kann.

Nicht nur die Harzer Flora soll die Möglichkeit erhalten, ihren Urzustand wiederherstellen zu können, auch die Tierwelt soll in Zukunft wieder diverser und wilder sein. Hier zeigen sich bereits erste Erfolge: Der Auerhahn und der Luchs, beides bedrohte Tierarten, haben die Region wieder als Lebensraum erschlossen. Noch sind sie aber recht schüchtern. Wer Lust hat, einen echten Luchs zu treffen, muss zurzeit noch auf das Luchs-Schaugehege an den Rabenklippen bauen, denn in freier Wildbahn sind die Chancen sehr gering, einem über den Weg zu laufen. Wahrscheinlicher ist es da, auf seiner Wanderung dem »Brocken-Benno« zu begegnen. Der

erklärte Viel-Wanderer Benno Schmidt, wie er mit bürgerlichem Namen heißt, besteigt den höchsten Gipfel des Harzes beinahe täglich und engagiert sich sehr aktiv für den Natur- und Umweltschutz in der Region. »Die Leute fragen mich, ob ich eine böse Frau hätte oder kein Zuhause – aber nein, meine Frau ist sehr nett, und ich habe ein schönes Haus. Doch der Brocken zieht mich magisch an. Etwas Schöneres, als durch diesen Wald zu wandern, gibt es für mich nicht.«

Gut, Brocken-Bennos Bilanz von über 8500 Brockenaufstiegen schaffen die meisten wohl nicht zeit ihres Lebens. Doch eine gewisse magische Anziehung, die von dem Gipfel ausgeht, ist kaum zu leugnen. Wenn man durch die dunstigen Moorlandschaften spaziert oder den Blick über Täler und Klippen schweifen lässt, fällt es nicht schwer, sich vorzustellen, wie die Hexen hier Walpurgisnacht feiern oder Mephisto selbst hinter dem nächsten moosigen Fels oder umgestürzten Baum schon auf einen wartet.

Selbst wenn man es sich nicht explizit vorgenommen hat, einmal gestartet, wird man ganz schnell vom Ehrgeiz gepackt, es dann auch bis zum Gipfel zu schaffen. Einmal ganz oben stehen und diese mystische Landschaft komplett überblicken! Nun ist der Harz aber eine der nebeligsten Gegenden in Deutschland, und der erhoffte Ausblick bleibt oft genug aus. Besonders gemütlich ist es dort oben auf dem Brocken auch nicht, hier stürmt es so stark, dass kein junger Baum sich halten kann. Die Wander*innen sind da aber standhafter, und auch an einem stürmischen Tag findet man dort oben nur strahlende Gesichter vor. Für wahre Naturburschen oder -mädels trübt das bisschen Wind die Freude über den Aufstieg nicht im geringsten.

Und wenn man dann nach seinem Harz-Abenteuer mit vielen neuen Ideen im Kopf und einer heißen Tasse Kakao in der Hand wieder am Schreibtisch sitzt, kann man Brocken-Bennos Leidenschaft für den Harz verstehen. Und Goethes Faust vielleicht auch ein bisschen besser als vorher. ●

Auch Johann Wolfgang von Goethe nutzte den Harz als Inspirationsquelle.

EIN TEXT
VON CHRISTO
FOERSTER

ZWEI

SOMMERTAGE

IN DER EIFEL

ALTENAHR

OBERZISSEN

LAACHER
SEE

ANDER-
NACH

KÖLN

ALTE-
NAHR · ANDER-
NACH

Christo Foerster ist gebürtiger Berliner und lebt momentan mit seiner Familie in Hamburg. Er hat sich früh dazu entschieden, viel von der Welt sehen zu wollen und seinen Horizont ständig zu erweitern — Menschen zu treffen, die inspirieren, Orte aufzusuchen, die Energie freisetzen. Er ist als freier Autor für verschiedene Zeitschriften tätig, unter anderem für das Abenteuermagazin Free Men's World. Außerdem ist er ausgebildeter Coach und hält Vorträge zu den Themen Motivation, Persönlichkeitsentwicklung und Abenteuer.

www.christofoerster.com

 Raus und machen

 rausundmachen

STRECKE 200 KM ZEITRAUM 2 TAGE IM AUGUST 2017 FORT-BEWEGUNG ZU FUSS, ZUG REISENDE CHRISTO UND KAI BEREISTE LÄNDER DEUTSCHLAND

2015 und 2016 sind seine Bücher »Neo Nature« und »Dein bestes Ich« im Gabal-Verlag erschienen. 2017 verschrieb sich Christo Foerster ganz dem Thema Mikroabenteuer und veröffentlichte das Buch »Mikroabenteuer: Raus und machen!«.

In diesem Buch berichtet er von seinen eigenen Erlebnissen vor der Haustür, stellt Ideen und Ausrüstung vor, skizziert Touren für Städte, Berge und Wälder. Warum warten, bis du genug Geld, genug Urlaub, genug Mut hast?

Der folgende Text »Zwei Sommertage in der Eifel oder der Traum vom Floß« ist ebenfalls in seinem Buch »Mikroabenteuer: Raus und machen!« enthalten.

MIKRO-ABENTEUER

DEFINITION

à la Christo Foerster

WAS IST EIN MIKROABENTEUER?

Ein lokales, kostengünstiges, umweltfreundliches, kurzes Abenteuer.

1. Ein Mikroabenteuer ist ein Outdoor-Abenteuer, das mindestens acht und maximal 72 Stunden dauert.
2. Ich benutze weder Auto noch Motorrad oder Flugzeug. Öffentliche Verkehrsmittel sind erlaubt.
3. Ist eine Nacht dabei, verbringe ich sie draußen ohne Zelt.

—

DAS KLARE WASSER SCHWAPPT SANFT GEGEN DIE HOLZSTÄMME UND GURGELT LIEDER VON FREIHEIT UND FREUNDSCHAFT.

ZWEI SOMMERTAGE IN DER EIFEL

—

Ich muss an Huckleberry Finn denken, als wir die flüchtig zusammengebundenen Stämme zum ersten Mal ins Wasser lassen. Daran, wie die Wellen des Mississippi-Dampfers das Gefährt des jungen Abenteurers überschwemmen und ihn und den Sklaven Jim unsanft über Bord befördern. Unser Floß ist gerade mal einen Quadratmeter groß, aber es soll auch nur unser Gepäck und die Kameraausrüstung meines Freundes Kai tragen. Nur das tut es noch nicht. Wir sägen noch mehr der dünnen Totholzstämme, die in Ufernähe herumliegen, auf die richtige Länge und setzen einfach noch eine Lage davon obendrauf. Im Wasser verschiebt sich unsere Konstruktion zwar immer wieder leicht, aber irgendwann hält und schwimmt sie – samt der in wasserdichten Packsäcken verstauten Ausrüstung.

Vor uns liegt der Laacher See, der größte Vulkansee Deutschlands. Es ist Sommer, und die bewaldeten Hügel, die sich wie ein Ring um den uralten Krater stülpen, leuchten in sattem Grün. Wir sind heute Morgen in Köln (wo Kai und ich uns vor 20 Jahren als Zivildienstleistende in einer Jugendherberge kennenlernten und er heute nach Stationen in Rio de Janeiro, São Paulo und Berlin wieder wohnt) in die Regionalbahn gestiegen und bis Andernach gefahren, von dort zu Fuß weiter. Um den Laacher See könnten wir auch außen herumgehen. Das wäre sicher schön, aber kein Abenteuer. Wir haben Lust auf eine echte Herausforderung. Und wir wissen beide tief in unserem Inneren, dass jeder Kerl sich irgend-

wann einmal selbst ein Floß bauen muss (gut möglich, dass das auch bei Frauen so ist, aber wir sind nun mal keine). Wenigstens ein kleines Floß fürs Gepäck. Ich habe eine Klappsäge dabei, die ganz gute Arbeit verrichtet. Und abgestorbene, ausgetrocknete Stämme liegen hier wirklich viele herum. Trotzdem habe ich auch hier – wie immer mal wieder, wenn ich irgendwo in der Walachei Dinge tue, die aus der Norm fallen – den Gedanken: »Darf ich das eigentlich?« Vor allem natürlich, wenn Spaziergänger vorbeikommen, deren Blicke zwischen interessiert und irritiert liegen. Ich habe mittlerweile meine Strategie, damit umzugehen: Offensive. Ein freundlicher Gruß, ein kurzes Gespräch, das ganz direkt den Anlass der Irritation aufgreift. »Guten Tag, wir bauen uns hier gerade aus den herumliegenden Stämmen ein kleines Floß ... Haben Sie das schonmal gemacht? ... Ist ein langgehegter Traum von uns ... Was ist das für ein herrlicher Ort hier! ... Genießen Sie die Sonne!« [...]

Nur mit Badehosen bekleidet, staksen wir ins Wasser und schieben das Floß dabei vorsichtig vor uns her. Als wir ein paar Meter weiter den Boden unter den Füßen verlieren, wird es spannend: Schwimmt das Ding wirklich? Auch

Es ist Sommer, und die bewaldeten Hügel, die sich wie ein Ring um den uralten Krater stülpen, leuchten in sattem Grün.

außerhalb der kleinen Bucht, dort, wo es welliger ist? Besonders Kai ist jetzt doch etwas nervös, die Kamera im Packsack auf dem Floß ist schließlich nagelneu. Ein bisschen tief liegt unsere Konstruktion tatsächlich, aber sie schaukelt sich ein, und sie bleibt stabil. An einem der äußeren Stämme haben wir eine Schnur befestigt, an deren Ende wiederum eine Schlaufe aus einem Packriemen geknotet ist. Abwechselnd legt sich einer von uns diese Schlaufe um den Kopf oder um die Schulter und zieht das Floß, der andere schiebt von hinten. Zug für Zug gleiten wir weiter hinaus auf den Vulkansee, der aus dieser Perspektive noch viel größer erscheint als vom Ufer. Zweieinhalb Kilometer sind es bis auf die andere Seite. Tief unter uns ruht seit Jahrzehnten das Wrack eines Weltkriegsbombers. Das werden wir aber erst viel später auf Wikipedia nachlesen. Auch, dass hier einer alten Sage nach einst ein ganzes Schloss versunken sein soll. Für uns zählt jetzt nur der Moment: Oberhalb der Wasserfläche strotzt die Szenerie auf dem See nur so von Schiffsbruch-Romantik. Ich schwimme hinter dem Floß und sehe Kai, wie er das zusammengeschusterte Ding mit dem Gepäck in der gleißenden Sonne halb nackt Meter für Meter weiter Richtung dichter Uferböschung zieht, hinter deren Hängen auch ein gigantischer Südsee-Dschungel liegen könnte (wenn ich es nicht besser wüsste). Das klare Wasser schwappt sanft gegen die Holzstämme und gurgelt Lieder von Freiheit und Freundschaft.

Erst kurz bevor wir tatsächlich auf der anderen Seite ankommen, merke ich, wie kalt mir nach zwei Stunden in dem See geworden ist, der in seiner Mitte bis zu 50 Meter tief ist. Jetzt kann ich es kaum erwarten, mir die – hoffentlich noch trockenen – Klamotten überzuziehen und mich in der Nachmittagssonne aufzuwärmen. Nur erst mal müssen wir hier raus! Der Morast, der uns empfängt, ist so weich und das feste Ufer so unzugänglich, dass wir eine ganze Weile suchen müssen, bis wir eine Stelle zum Anlanden finden. Zitternd laden wir das Gepäck ab und lassen unser Floß zurück.

Wir haben Glück, nein, wir haben alles richtig gemacht: Die Ausrüstung ist unversehrt. Ohne uns lange aufzuhalten, setzen wir unseren Weg zu Fuß fort. Warm wird uns dabei sowieso. Wir wandern auf Feldwegen und Trampelpfaden Richtung Nordwesten. Durch Wälder, Bachläufe und Orte wie Ober- und Niederdürenbach.

Am Abend schlagen wir unser Nachtlager auf einer Anhöhe am Waldrand auf. Es gibt Couscous mit Käse und Edelsalami vom Campingkocher, ein Rezept, das mir der amerikanische Bergsteiger Conrad Anker vor einigen Jahren empfohlen hat. Und wir sind müde genug, um früh einzuschlafen. Das Schlafen draußen ohne Zelt hat etwas ganz Besonderes. In das überragende, magische Freiheitsgefühl mischt sich immer auch ein bisschen innerliche Unruhe. Was für Tiere sind hier unterwegs? Kommen

PRAKTISCHE APPS FÜRS DRAUSSENSEIN

ROUTE/KARTE/NAVIGATION

> Maps Me
Kostenfreie Offlinekarten für unterwegs. Basierend auf der Openstreetmap. Einziges Manko, es werden keine Höhenlinien angezeigt, deshalb ist diese Karte zum Wandern nur bedingt geeignet.

> Maps 3D
Mit Maps 3D ist es nahezu unmöglich, sich zu verlaufen. Die gesamte Umgebung wird in 3D angezeigt, wodurch die Orientierung kein Problem sein sollte. Mit der Premiumversion lassen sich auch mehrere Routen offline speichern.

> Komoot
Komoot bietet jedem, der gerne draußen unterwegs ist, die perfekte Tour. Ob Radfahren, Wandern oder Familienausflug.

NATUR

> NABU Vogelwelt
Diese App ist ein super Nachschlagewerk. Hier findet ihr über 1000 Fotos von 308 Vogelarten. Gegen Aufpreis lassen sich sogar Video- und Tonaufnahmen hinzufügen.

> Naturblick
Diese App wurde von dem Berliner Museum für Naturkunde entwickelt. Tiere und Pflanzen lassen sich damit einfach bestimmen. Dank automatischer Bilderkennung kann die App anhand von Fotos Pflanzen erkennen. Über die automatische Lauterkennung kann die App sogar Vogelstimmen zuordnen.

> Sun Seeker
Sun Seeker ist eine kostenpflichtige App zum Verfolgen des Sonnenverlaufs. Dank des Live-Bilds kann man genau bestimmen, wo die Sonne aufgeht und wann sie wieder untergeht. Für 11 € ist sie kein Schnäppchen, jedoch wirklich eine tolle und durchdachte App.

> Skyview Lite
Entdecke den Sternenhimmel und finde heraus, wie weit die Sterne entfernt sind!

> PeakFinder
Hier kannst du Berggipfel in deiner Umgebung finden. Rund 650 000 Berge sind gespeichert – vom Mount Everest bis zum Hügel um die Ecke. Die 5,49 € lohnen sich!

NOTFALL

> Notruf
Mit dieser App lassen sich über GPS Notrufe absetzen. Ein Knopfdruck genügt. Rund um die Uhr, mit exakter Ortung.

Leute vorbei? Dass wir ohne Schutz (oder zumindest das Gefühl davon) nicht ganz so tief schlafen, ist durchaus evolutionär geprägt. Und das macht auch nichts, weil die Magie überwiegt.

Gegen Mitternacht hören wir das Kreischen eines Luchses, das erst langsam, aber sicher immer näherkommt – und dann blitzartig verstummt, als wir uns lauthals bemerkbar machen. Ich habe noch am nächsten Morgen ein schlechtes Gewissen, das gute Tier so erschreckt zu haben, dass es vermutlich die ganze Nacht durchgerannt ist.

Kai und ich wandern noch einen Tag, verbringen eine zweite Nacht unterm Eifelhimmel und ziehen dann durch das urige Tal der Ahr mit seinen märchenhaften Felsformationen bis nach Altenahr, um uns deftig den Bauch vollzuschlagen und in den Zug zurück nach Köln zu steigen. Was unser Floß wohl jetzt macht? Ich muss grinsen, als ich beim Auspacken die kleine Klappsäge aus dem Rucksack hole, mit der wir unsere Baumstämme zurechtgesägt haben. Vielleicht kehren wir ja noch einmal zurück. Und dann zimmern wir aus dem kleinen Ding ein Hausboot. ●

① AN DER QUELLE

Folge einem Bach von seiner Quelle bis zur Mündung, am besten zu Fuß. An einem heißen Sommertag kann es auch sehr erfrischend sein, einfach mal ein Stück im Bach zu laufen.

② EINFACH EINSTEIGEN

Gehe zum Bahnhof und steige in die Regionalbahn, die als Nächstes abfährt. Fahre drei Haltestellen, wenn du magst, auch länger, und steige aus. Schau dir die Stadt an und wandere danach von dort aus wieder nach Hause. Wenn du in einer Stadt wohnst, könntest du auch alternativ mit der S-Bahn an die Endstation fahren und von dort aus nach Hause laufen.

③ VON A NACH B

Transportiere einen unhandlichen Gegenstand von A nach B, am besten mit ein paar Freunden zusammen. Es muss keinen Sinn machen, nur Spaß!

④ STOCKBROT im SCHNEE

Wandere zu deinem Gartengrundstück oder zu einem öffentlichen Grillplatz im Winter und mache ein Lagerfeuer. Zeit für Stockbrot, Grill-gemüse und Glühwein!

⑤ SONNE GEHE AUF!

Stehe mitten in der Nacht auf und laufe mit einer Laterne oder einer Stirnlampe an eine Stelle, von der man gut den Sonnenaufgang sehen kann, und frühstücke gemütlich an diesem Ort.

IDEEN
FÜR MIKRO-ABENTEUER

> Kleine Tages- oder Wochenendabenteuer vor der eigenen Haustüre

6 FLOSS FAHREN

Fahre an einem heißen Sommertag an einen See oder einen Bach. Baue mit ein paar Freunden ein Floß und lasst euch treiben!

7 VOLLE NÄCHTE

Verbringe an Vollmond eine komplette Nacht draußen, ohne zu schlafen. Es wird nie komplett dunkel werden, lass also deiner Kreativität freien Lauf! Vielleicht hast du ja Lust auf eine richtige Nachtwanderung?

8 BLINDLINGS QUERFELDEIN

Laufe von deiner Haustüre einfach los, ohne auf die Karte zu schauen. Wandere so einen Tag lang über Stock und Stein und suche dir, bevor es dunkel wird, einen schönen Schlafplatz. Wandere am nächsten Tag entweder noch ein bisschen weiter oder gleich zu einer Bus- oder Bahnhaltestelle, um wieder nach Hause zu fahren.

9 SONNWENDFEIER

Zelebriere den kürzesten und den längsten Tag des Jahres draußen in der Natur mit deiner Familie oder Freunden!

10 NACKTE ERDE SPÜREN

Laufe einen Tag lang barfuß durch Wälder oder Wiesen, wo auch immer es dir behagt.

TREKKINGPLÄTZE
FÜR WILDES ZELTEN
IN DEUTSCHLAND

18　ÜBERNACHTUNGSPLÄTZE IN SCHLESWIG-HOLSTEIN

Die Übernachtungsplätze sind auf der Seite des Projekts »Wildes Schleswig-Holstein« verzeichnet. Die Plätze sind in einer Übersichtskarte gelistet. Einige der Plätze verfügen über sanitäre Anlagen.
www.wildes-sh.de

14　TREKKINGCAMPS IN DER PFALZ

Die Plätze für jeweils sechs Zelte an der Südlichen Weinstraße sowie im Donnersberger und Lauterer Land sind für die Zeit von April bis Oktober buchbar. Kosten: 10 Euro pro Nacht und Zelt.
www.trekking-pfalz.de

6　TREKKINGCAMPS IM SCHWARZWALD

Die Trekkingcamps sind jeweils für bis zu drei Zelte geeignet. Buchbar für die Zeit von Mai bis Oktober. Kosten: 10 Euro pro Nacht und Zelt.
www.naturparkschwarzwald.de/aktiv_unterwegs/trekking

4　TREKKINGPLÄTZE IM NATIONALPARK EIFEL

Trekkingplätze mit Holzpodest zum Aufstellen des Zeltes. Kosten: 10 Euro pro Nacht und Zelt. Maximal zwei Zelte möglich (wer zwei Zelte bucht, hat den Platz für sich). Geöffnet von April bis Oktober.
www.trekking-eifel.de

3　TREKKINGCAMPS AM SOONWALDSTEIG

Die Plätze liegen entlang des Wanderwegs durch den Naturpark Soonwald-Nahe (zwischen Rhein, Nahe und Hunsrück). Hier darf man nicht nur bis zu fünf kleine Zelte, sondern auch jeweils eine große Jurte aufstellen. Kosten: 10 Euro pro Nacht und Zelt, 15 Euro pro Jurte.
www.soonwaldsteig.de/de/trekkingcamps

2　TREKKING-PLÄTZE IM SPESSART

Die Zeltplätze sind für bis zu fünf Zelte geeignet. Die Saison läuft von April bis Oktober. Kosten: 10 Euro pro Nacht und Zelt.
www.trekkingbayern.de/region/spessart/zeltplaetze

»WIR WOLLTEN FÜR DREI WOCHEN SO WEIT VON DER ZIVILISATION WEG, DASS WIR KEINE ANZEICHEN MEHR VON IHR SAHEN.«

JOCHEN KELLER

WOCHEN

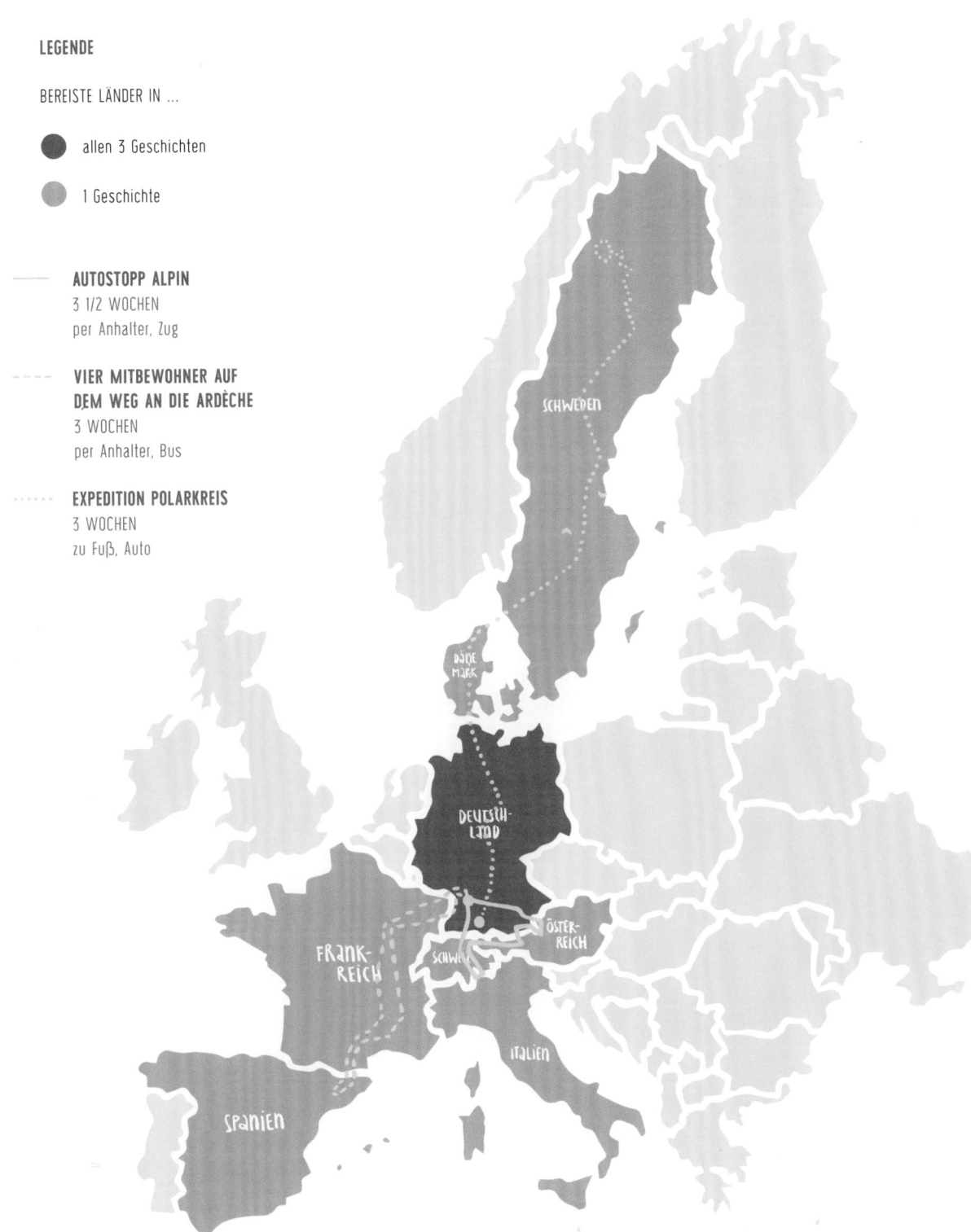

LEGENDE

BEREISTE LÄNDER IN ...

allen 3 Geschichten

1 Geschichte

AUTOSTOPP ALPIN
3 1/2 WOCHEN
per Anhalter, Zug

**VIER MITBEWOHNER AUF
DEM WEG AN DIE ARDÈCHE**
3 WOCHEN
per Anhalter, Bus

EXPEDITION POLARKREIS
3 WOCHEN
zu Fuß, Auto

SCHWEDEN

DÄNE-
MARK

DEUTSCH-
LAND

FRANK-
REICH

ÖSTER-
REICH

SCHWEIZ

ITALIEN

SPANIEN

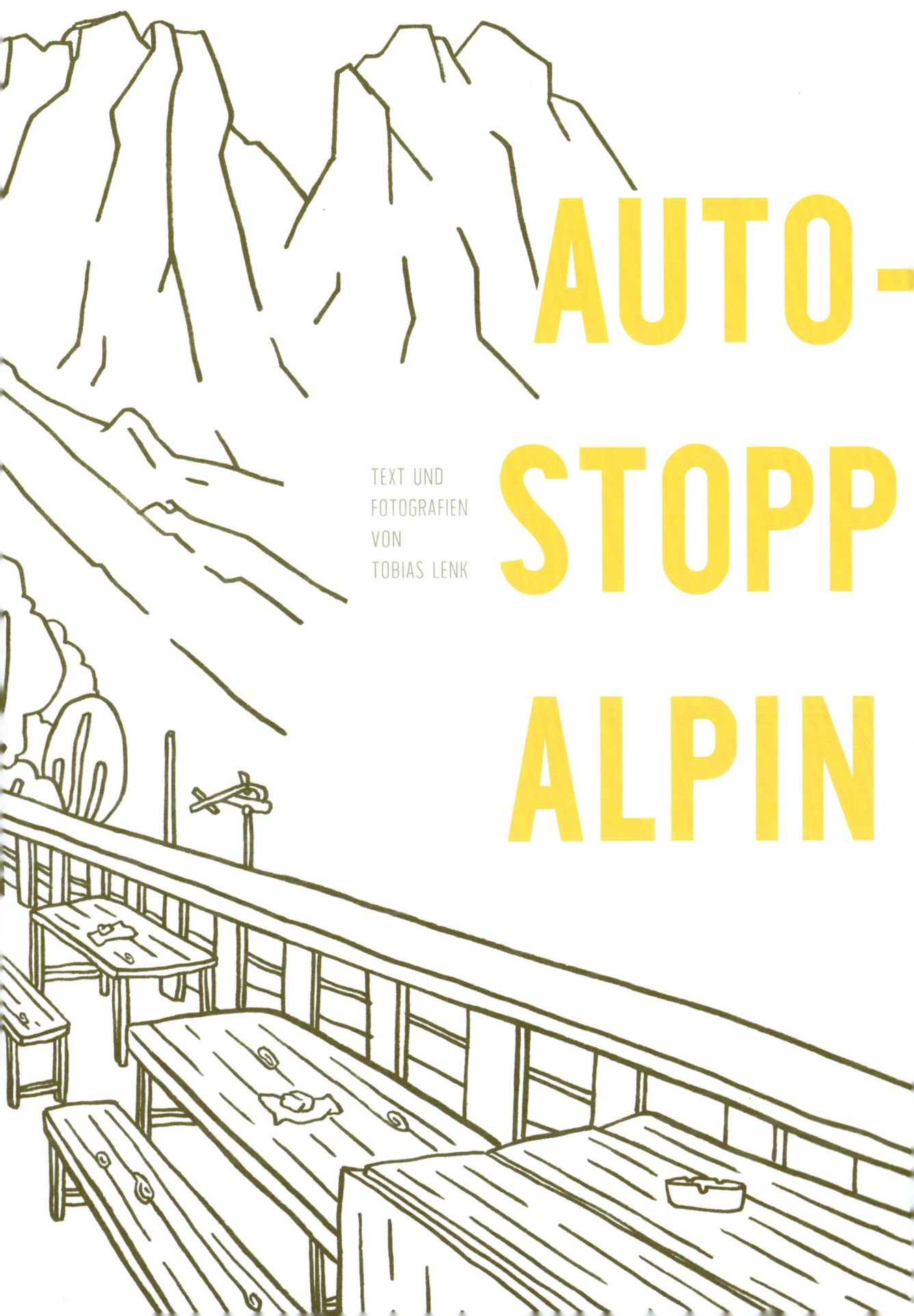

AUTO-STOPP ALPIN

TEXT UND FOTOGRAFIEN VON TOBIAS LENK

STUTTGART-
DEGERLOCH

MÜNCHEN

SALZBURG

INNS-
BRUCK

MÜHLBACH
am
HOCHKÖNIG

CHIAVENNA

Tobias Lenk wohnt in Stuttgart, arbeitet gerade an seiner Abschlussarbeit an der Stuttgarter Kunstakademie (ID) und hängt sonst irgendwo an Felsen oder in Spelunken herum. Er mag Musik, Kaffee und Kuchen.

STRECKE 2240 KM ZEITRAUM AUGUST 2018 FORTBEWEGUNG PER ANHALTER, ZUG MITREISENDE ANNE, FABI UND PAUL BEREISTE LÄNDER DEUTSCHLAND, ÖSTERREICH, SCHWEIZ, ITALIEN

AM NÄCHSTEN MITTAG ERREICHEN WIR DIE WERFENER HÜTTE. DOCH STATT PLATTENPARADIES IST ERST MAL DAS AUSSITZEN EINER KALT- FRONT ANGESAGT.

AUTO-STOPP ALPIN

Entschuldigen Sie, fahren Sie vielleicht Richtung Salzb... oh, ja, jetzt sehe ich's auch. Das Auto ist schon voll bis unters Dach mit Urlaubsgepäck, und hinten sitzen drei Kinder ... Okay, danke trotzdem! Schönen Urlaub!

Es sind Ferien in Europa. Das Trampen auf der Autobahn gestaltet sich langwieriger, als wir dachten, doch wir bleiben bei unserer Idee: ein Roadtrip durch die Alpen, zwei Wochen Alpinklettern, ohne eigenes Auto. Alles, was wir dazu brauchen, sind unsere ausgestreckten Daumen, eine freundliche und offene Einstellung und das Wichtigste: eine gute Portion Optimismus. Wir können schon mal verraten, es hat sich gelohnt!

Unser erstes Ziel ist die Werfener Hütte im Tennengebirge. Wir erreichen es etwa nach 24 Stunden, nachdem wir zum ersten Mal hoffnungsvoll unsere Daumen in den Fahrtwind der vorbeifahrenden Autos halten. Über eine Stunde lang stehen wir also erst mal unter der brutzelnden

Sonne Degerlochs, bis endlich ein Vertreterauto stoppt: »Ich muss zwar eigentlich in eine andere Richtung, aber ich kann euch kurz zur nächsten Raststätte bringen, wenn euch das hilft?« »Super, klar hilft das!« Und schon düsen wir mit Außendienstgeschwindigkeit in Richtung Berge. Wir treffen unterwegs noch einen zotteligen Spanier, der in Berlin lebt und mit seinem Motorrad und der speckigen Lederjacke ein wenig an den reisenden Che Guevara erinnert, fahren dann mit einem Metzger, der auch Kunstfluglehrer ist, mit und lernen im darauf folgenden Auto den Europameister im Boogie-Woogie kennen, der uns bis kurz hinter München mitnehmen kann. Jetzt ist schon Nachmittag, und unsere Mägen knurren. Drei Portionen Pommes und ein Eis reichen erst mal. Dann geht's weiter im Bilderbuchbulli (laut, langsam, aber gemütlich!) bis nach Salzburg. Dort wartet schon ungeduldig der Vierte aus unserer Reisegruppe auf uns. Als Anerkennung für seine Schnelltrampleistung überreichen wir ihm feierlich einen Keks.

Am nächsten Mittag erreichen wir also die Werfener Hütte. Doch statt Plattenparadies ist erst mal das Aussitzen einer Kaltfront angesagt. Na toll! Umso mehr Zeit bleibt für Vorfreude und die Wahl der ersten Tour. Wir entscheiden uns für Sunshine Reg-

gae (7-) und verbringen noch einen Tag mit Wassertragen, denn die Hütte wird nur zu Fuß und per Heli versorgt und der Sommer 2018 ist anhaltend heiß und trocken. Nur eben jetzt nicht, und so sieht auch der nächste Tag eher nach Riders on the Storm statt Reggae und Sonnenschein aus. Irgendwann gegen Mittag trocknet es dann doch ab, und ein wenig Nebel sorgt ja auch für alpines Ambiente, sagen wir uns und wandern los in Richtung Einstieg.

Direkt gegenüber dem Tennengebirge ragt übrigens – eindrucksvoll und schön – der Hochkönig aus dem Salzachtal in den Himmel. »Eh gluoa« (wie man in Österreich sagt), dass wir auch dieses Kletterparadies nicht einfach links liegenlassen.

Wie wir uns auf dem Weg dorthin zu viert, inklusive Kletterausrüstung, Biwakgepäck und Nudelproviant, in eine A-Klasse quetschten, wie viele hilfsbereite, nette und interessante, aber auch skurrile Leute wir noch getroffen haben und wie wir am Ende im Val di Mello landeten, passt leider nicht mehr in dieses Heft. Schade eigentlich. ●

... und so sieht auch der nächste Tag eher nach Riders on the Storm statt Reggae und Sonnenschein aus.

RECHTS PAUL UND ANNE BEIM REGGAETANZEN AN DER WAND

SUNSHINEREGGAE

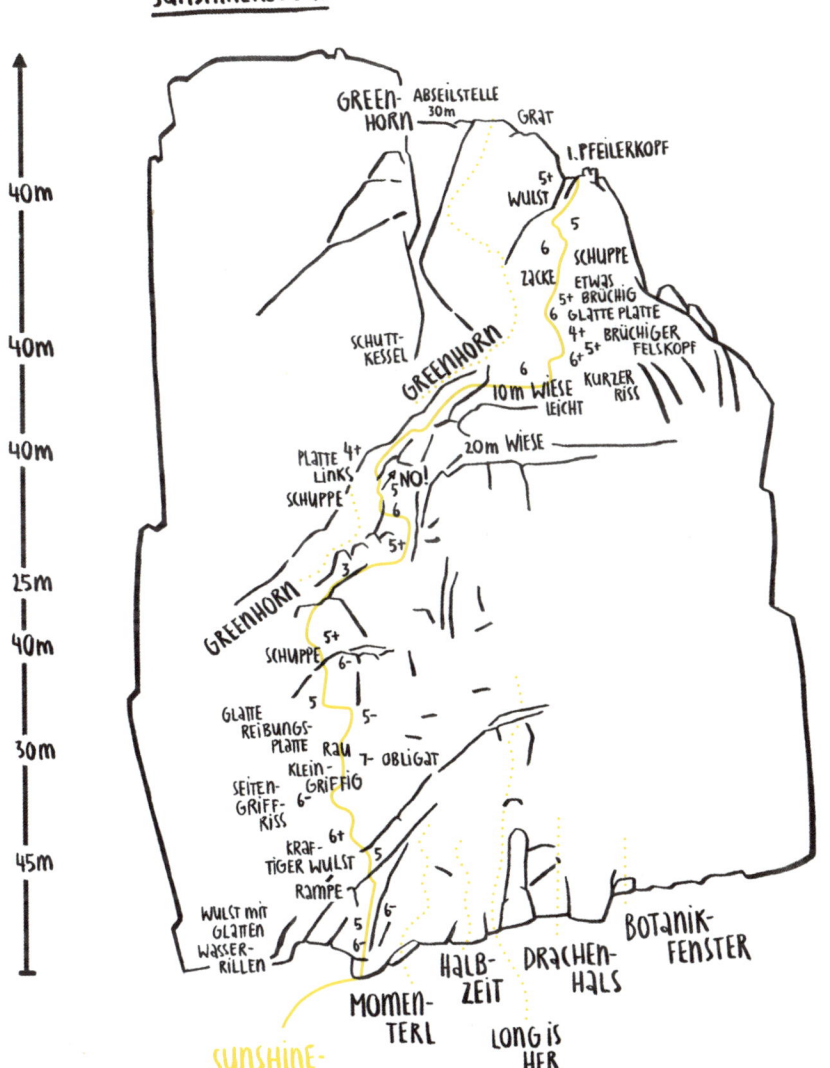

MEHR INFOS UNTER:
WWW.PANICO.DE

WICHTIGE WEBSEITEN FÜR TRAMPVERRÜCKTE

> hitchwiki.org
Hier findest du viele nützliche Tipps rund ums Trampen. Das Beste: die zoombare Karte! Sie zeigt weltweit eine Unmenge an Trampspots an, sogar mit Bewertungen.

> tramprennen.org
Jeden Sommer findet ein Tramprennen quer durch Europa statt.

> Wikihow-Hitchhike
Hier findest du generelle Tipps zum Thema Sicherheit, Schild basteln, geeignete Stellen finden und so weiter.

Natürlich kannst du dich auch über die sozialen Medien mit anderen Hitchhikern vernetzen. Schlüsselwörter dafür sind: Hitchhiking Tribe & Hitchwiki.

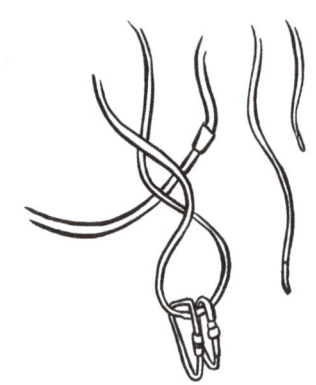

OBEN ANNE GANZ OBEN UND GLÜCKLICH
UNTEN VESPERPAUSE BEIM SÄGEWERK-SUPERMARKT-PARKPLATZ, VON LINKS: FABI, PAUL, ANNE, TOBI

ALTERNATIVEN ZUR CHEMIE!

LEINEN

HANF

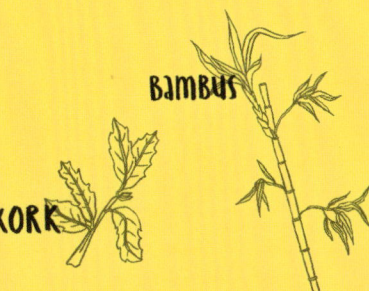

BAMBUS

KORK

MERINO WOLLE

LEIHEN ODER SECOND-HAND KAUFEN!

Wie überall gilt auch hier der Grundsatz: zuerst leihen, dann kaufen! Falls du jedoch länger unterwegs bist und Outdoorkleidung dauerhaft benötigst, bietet der Outdoorhersteller **Vaude** beispielsweise einen **Second Use Shop** an, oder du schaust mal im Secondhandladen um die Ecke vorbei!

REPARATUR UND RECYCLING!

Die Marke **Pyua** produziert Kleidung aus recycelten und ressourcenschonenden Polyester-Materialien. Übrigens auch komplett PFC-frei!

NACHHALTIG UNTERWEGS
KLEIDUNG UND AUSRÜSTUNG

Outdoorkleidung ist meist multifunktional und leicht. Das kann toll sein, wenn man Berge besteigt oder weite Strecken zu Fuß oder mit dem Rad zurücklegt. Aber so toll es für uns Menschen ist, so schlecht kann es für die Natur sein. Daher sollte man sich fragen: Was von diesen Funktionen benötige ich wirklich, und welche Marke bietet Reparaturen an? Ein Großteil der Outdoorjacken ist am Ende Sondermüll und kann nicht mehr in den biologischen Kreislauf zurückgeführt werden. Auf was kann man also achten, wenn es doch eine Hightechjacke sein soll?

› Finde vor dem Kauf heraus, ob Reißverschlüsse oder andere Verschleißteile durch den Hersteller ausgetauscht werden können! **Patagonia** repariert in seinen Läden kaputte Outdoorbekleidung kostenlos!

› Repariere deine Outdoorkleidung selbst: Unter **www.ifixit.com**, dem Online-Repair-Café, hat **Vaude** z.B. Anleitungen zum Reparieren von Reißverschlüssen veröffentlicht.

LYOCELL

Lyocell-Fasern bestehen aus Zellulose und sind oft wesentlich günstiger als teure Merinowolle. Außerdem stammt das Holz für die Zellulose aus nachhaltiger Forstwirtschaft. Sie punkten durch angenehmen Tragekomfort und sind besonders atmungsaktiv.

PFC-FREI!

Achte darauf, dass **kein PFC** enthalten ist. Zu erkennen an dem Anhänger 100% fluorocarbon free. Diese Chemikalien verleihen den Produkten wasser-, fett- und schmutzabweisende Eigenschaften, verbleiben jedoch dauerhaft in der Umwelt, verteilen sich weltweit und reichern sich in Gewässern und Organismen an. Sie stehen im Verdacht, Krebs auszulösen.

WICHTIGE SIEGEL:

Achte aufs **Bluesign-Siegel**! Damit werden Produkte der Textilindustrie ausgezeichnet, die möglichst schadstoffarm, ressourcenschonend und umweltfreundlich produziert wurden.

Die **Fair Wear Foundation** garantiert faire Arbeitsbedingungen und existenzsichernde Löhne!

Der **IVN** (Siegel: IVN Best) tritt für den höchsten ökologischen und sozialverantwortlichen Standard in der Textilindustrie ein.

Der **Global Organic Textile Standard** (GOTS) ist ein international etablierter Standard, der weltweit den Maßstab für Umwelt- und Sozialverträglichkeit in der Textilbranche setzt.

MACHEN WIR UNS NICHTS VOR:
WER REGELMÄSSIG FLIEGT, MACHT NICHTS BESSER

VON MARCEL ROTH | STUTTGART, 24. JANUAR 2019

Wir handeln gerne umweltbewusst und fühlen uns gut damit. Aber eins ignorieren wir dabei häufig: Unser Reiseverhalten. Über das soziologische Phänomen »kognitive Dissonanz«.

Nennen wir sie Paula. Paula ernährt sich so gut es geht vegan, kauft viel secondhand und hat zu Hause eine Bambuszahnbürste stehen. Sie fährt Fahrrad und Bahn – ihre Eltern wollen ihr zwar manchmal noch ein Auto andrehen, aber sie lehnt dankend ab. Paula legt viel Wert auf ökologisches Handeln, diskutiert oft über Ernährung, globale Zusammenhänge und Fluchtursachen. Das tut sie auch, wenn sie wieder auf Reisen ist – nach Kolumbien, in die Türkei oder Marokko. Dort erweitert sie ihren Horizont, dort lernt sie Menschen kennen, die anders sind. Ihre Erlebnisse postet sie in Echtzeit auf Instagram. Paula wählt die Grünen und kämpft für eine bessere Welt.

Aber Fliegen und Umweltschutz vertragen sich schlecht. Laut dem Umweltbundesamt gibt es keine klimaschädlichere Art sich fortzubewegen als das Flugzeug. Von Wähler*innen einer Ökopartei wie den Grünen könnte man deshalb erwarten, dass sie den Luftverkehr besonders sparsam nutzen. Tatsächlich ist das Gegenteil der Fall: Keine andere, im Bundestag vertretene, Partei hat mehr Anhänger*innen, die mindestens einmal im Jahr fliegen.[1] Warum ist das so? In der sozialpsychologischen Einstellungs-Verhaltens-Forschung ging man lange davon aus, dass sich Einstellungen nahezu direkt in entsprechendes Handeln umsetzen. Umweltfreundliche Einstellungen müssten deshalb ein umweltfreundliches Handeln nach sich ziehen. Zahlreiche Studien allerdings haben belegt, dass der Zusammenhang zwischen Umwelthandeln und -einstellung relativ schwach ist. Ob eine Person umweltgerecht handelt, wird vor allem durch eins bestimmt: das Einkommen.[2] Wer Geld hat, stößt mehr CO_2 aus. Das hat viel mit der Wohnfläche, Konsum, Ernährung, aber auch mit Mobilität und damit dem Reisen zu tun.

Paulas widersprüchliches Handeln hat in der Soziologie einen Namen: kognitive Dissonanz. Wir sind überzeugt, dass umweltbewusstes Handeln wichtig ist, handeln aber oft gegensätzlich zu unserer Überzeugung. Das ist menschlich. Tragisch wird es aber dann, wenn wir unseren vermeintlich nachhaltigen Lebensstil nach außen tragen und mit Bambuszahnbürste im Gepäck auf die andere Welthalbkugel jetten. Unsere Generation, die Generation Y, Z oder auch die Millennials handeln symbolisch: Wenn wir uns vegan ernähren, wenn wir auf Autos schimpfen oder wenn wir nachhaltige Kleidung konsumieren, erschaffen wir gemeinsame Identitäten, wir fühlen uns wohl im Weltverbessern und »tragen unseren Teil dazu bei«. Unser Handeln hat viel mit Sinnstiftung zu tun. Wir bewegen uns in Freundeskreisen, in denen ähnliche Werte und Symbole geteilt werden.

Ganz nüchtern betrachtet, kann man aber interessante Rechenbeispiele anstellen: Eine Flugreise von Stuttgart nach Phuket in Thailand setzt gut 6 Tonnen CO_2 frei. Das klimaverträgliche Jahresbudget eines Menschen (bei Einhaltung des 2-Grad-Ziels) beträgt etwa 2,3 Tonnen CO_2.[3] Ein Jahr Autofahren (Mittelklassewagen, 12 000 km) setzt etwa 2 Tonnen CO_2 frei. Mit nur einem Flug nach Thailand also könnte man drei Jahre lang Auto fahren und würde genauso viel CO_2 emittieren.

Spannend ist es auch, wenn man sich vegetarische Ernährung ansieht.

Fleischlose Ernährung:
1,22 Tonnen CO_2/Jahr
Fleischreiche Ernährung:
6,7 Tonnen CO_2/Jahr [4]

Wer auf Fleisch verzichtet, weil er ökologisch handeln möchte, muss also nur einen Flug nach Thailand buchen und hat damit schon fast so viel CO_2 verursacht, als wenn er ein Jahr lang ganz normal Fleisch gegessen hätte.

Hinzu kommt ein weiterer Effekt: Die Umweltbelastung, die durch das Fliegen anfällt, wird in den meisten Freundeskreisen nicht angesprochen. Niemand möchte Spaßverderber*in sein. Im Gegenteil: Fernreisen, Bilder von langen, weißen Stränden oder mitten im Urwald finden auf Social Media nur Lob in Form von Likes und Herzen. Klar, sie stehen für Weltoffenheit, für Entdeckergeist und für Spannung im Leben.

Wenn wir uns in unserem ökologischen Handeln aber ehrlich machen wollen, müssen wir auch unsere Flugreisen reflektieren. Nur 3 Prozent der Weltbevölkerung sind im vergangenen Jahr geflogen, und nur etwa 18 Prozent sind überhaupt schon mal geflogen. [5] Klimagerechtigkeit heißt auch, dass wir, die in reichen Ländern leben, unseren CO_2-Verbrauch so reduzieren, dass andere etwas mehr verbrauchen können. Das muss an erster Stelle durch die Politik passieren: Inlandsflüge sollten verboten werden, Bahnreisen müssen viel günstiger werden, Flüge dürfen nicht mehr zu Spottpreisen angeboten werden.

Bei Fernreisen aber liegt es an uns selbst: Sind wir bereit, nur alle zwei bis fünf Jahre oder sogar gar nicht mehr zu fliegen? Schaffen wir es, den Urlaub im benachbarten Italien genauso spannend zu finden wie eine Reise nach Thailand? Und verstehen wir den Weg mit dem Zug in entfernte Länder als Teil der Reise oder als lästiges Fortbewegungsmittel?

Auf technische Lösungen können wir noch eine ganze Weile warten. Das emissionsfreie Fliegen kommt so schnell nicht. Deshalb lautet die nachhaltige Antwort auf Fernreisen zwar eins: Verzicht auf das Fliegen. Aber sie bedeutet gleichzeitig: Wieder ein Gefühl für Distanzen bekommen. Lange Zeit für Gespräche und Bücher haben. Und großartige Landschaften durchs Zugfenster vorbeiziehen sehen.

Marcel Roth, wohnt in Stuttgart, ist Landessprecher der Grünen Jugend BW und hat seine Bachelorarbeit in Umweltsoziologie über das Fliegen geschrieben. Er selbst hat danach eine Interrail-Reise durch Südosteuropa gemacht und schließlich selbst den schäbigsten Zug in sein Herz geschlossen.

Quellen:
[1] http://www.spiegel.de/wirtschaft/unternehmen/gruenen-waehler-halten-rekord-bei-flugreisen-a-1002376.html
[2] Diekmann, Andreas/Preisendörfer, Peter 2001: Umweltsoziologie. Eine Einführung. Berlin: Rowohlt Verlag
[3] https://www.atmosfair.de/de/kompensieren/flug/
[4] http://thecompensators.org/de/-compensate/examples-of-emissions/
[5] https://www.dw.com/de/der-klimawandel-und-das-fliegen/a-42094220

VIER MITBEWOHNER AUF DEM WEG AN DIE ARDÈCHE

DAS SCHELLBERG HAUS

MIT DER BAHN ZUR TANKE

NACH FAST DURCHGEMACH-TER NACHT DEN-NOCH PÜNKTLICH LOSGEKOMMEN !!!

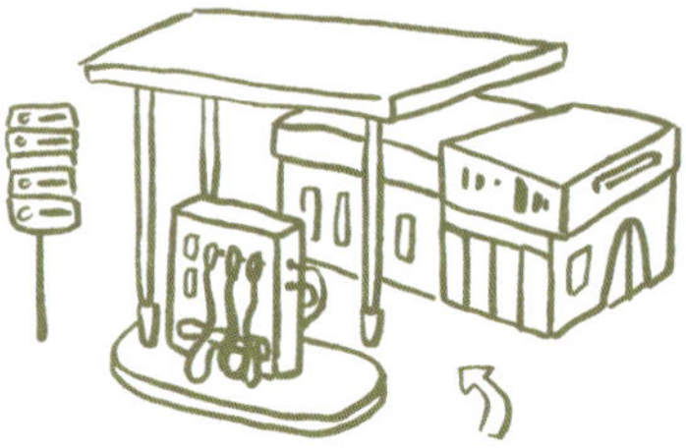

WIR TEILEN UNS IN 2ER TEAMS AUF

31.07. 2016

START 8 UHR

ADINA INSA

MAX BEDRAN

MAX+ INSA, ADINA+ BEDRAN

MAX+INSAS

1. LIFT PAPA SIMON MIT TOCHTER LISA

NACH OFFEN-BURG AUTOHOF

2. LIFT VERRÜCKTER, NETTER MAROKKANER

BEDRAN: ERSTMAL NE PAUSE !!!

ZU EINER RASTSTÄTTE

3. LIFT ERKAN AUS ISTANBUL

OH NEIN! VOR LAUTER EUPHORIE HABEN WIR DAS ZELT BEI EVELYN IM AUTO VERGESSEN!

NACH FREIBURG

ZUFÄLLIGES WIEDERSEHEN MIT ADINA UND BEDRAN AN DER RASTSTÄTTE

4. LIFT DJNE EVELYN

NACH MULHOUSE

5. LIFT „BRUCE SPRING-STEEN"

NACH DOLE

6. LIFT „MONSIEUR COMMER-CIAL"

7. LIFT DAS PÄRCHEN

NACH BEAUNE

NACH LYON

Insa Harms kommt ursprünglich aus Oldenburg, hat Soziale Arbeit in Ludwigsburg studiert und streift momentan durch die Welt im ständigen Zwiespalt zwischen Nomadenseele und gemütlicher Sesshaftigkeit.

STRECKE 2570 KM **ZEITRAUM** ENDE JULI BIS MITTE AUGUST 2016 **FORTBEWEGUNG** PER ANHALTER, BUS **MITREISENDE** ADINA, MAX, BEDRAN **BEREISTE LÄNDER** DEUTSCHLAND, FRANKREICH, SPANIEN

ZUERST GEMEINSAMES FRÜHSTÜCK DANACH AB AUF DIE STRASSE

von PIERRELATTE

9.LIFT ALLE 4 IN EINEM AUTO MIT LÄSSIGEM TYPEN

nach SAINT-JUST-D'ARDÈCHE

10.LIFT NOCHMALS AUFGETEILT IN 2ER TEAMS

BEDRAN: ERSTMAL NE PAUSE...

nach SAINT-MARTIN-D'ARDÈCHE

ZU FUSS AN DER ARDÈCHE ENTLANG

01. 08. 2016

WIE LANGE NOCH?

INSA: NOCH... 20 MIN

WIE LANGE NOCH?

NOCH 20 MIN...

GEMÜTLICHES AUSKLINGEN DES TAGES ZU VIERT...

ENDE: 23:30 UHR

BEDRAN: ERSTMAL NE PAUSE!

nach PIERRELATTE

8.LIFT DIE FRAU ANNIEK

ZIEL KURZ VOR SONNENUNTERGANG ERREICHT

MIT HÄNGEMATTEN UND ISOMATTEN AM FELSVORSPRUNG*

MAX: ICH GEH JETZT SCHLAFSACKEN!!!

CAMPEN OHNE ZELT

...REDET DIE GANZE FAHRT ÜBER IHRE EXMÄNNER UND EHEN...

* FELSVORSPRUNG = KÜCHE + SPEISEKAMMER

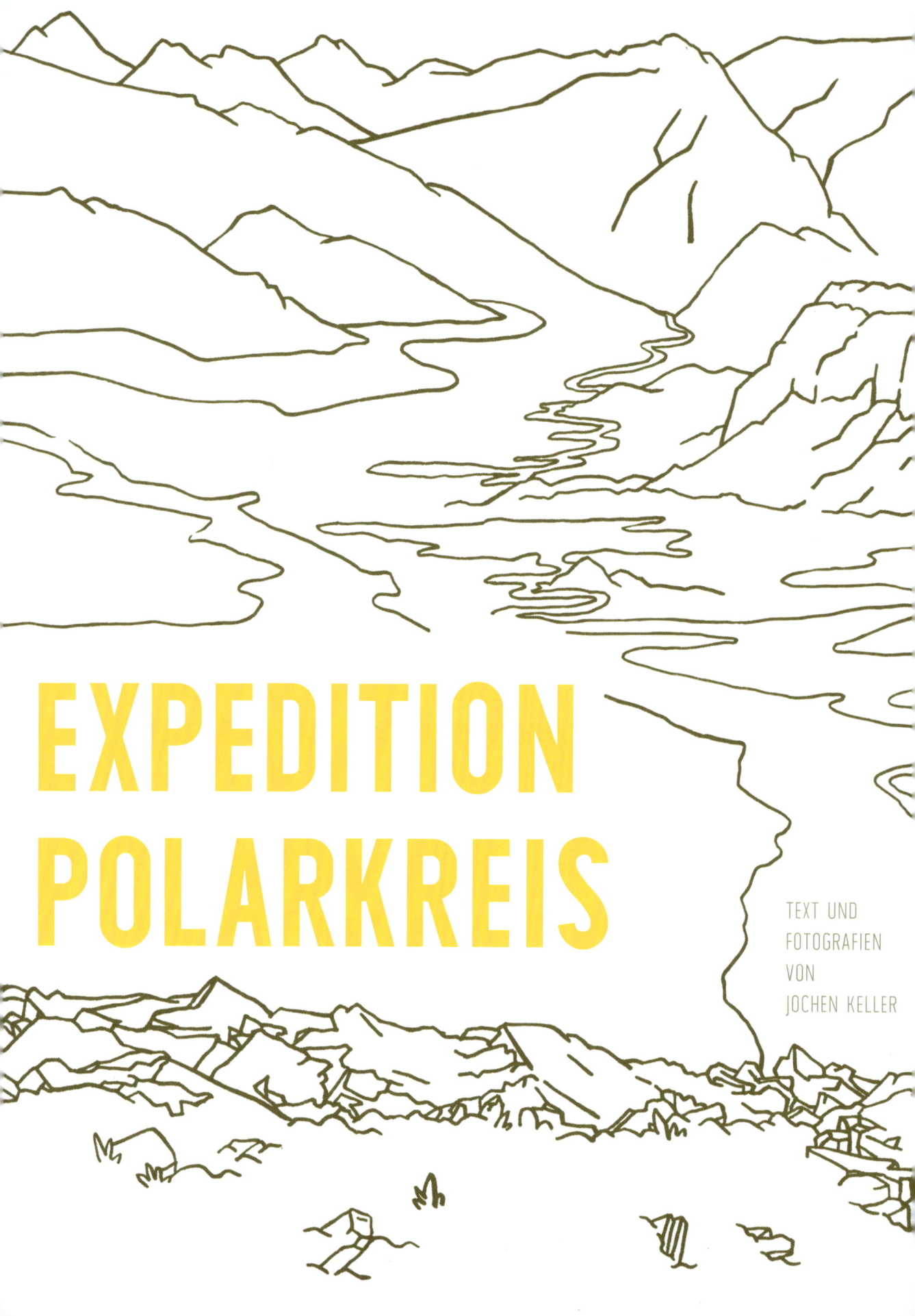

EXPEDITION POLARKREIS

TEXT UND
FOTOGRAFIEN
VON
JOCHEN KELLER

KVIKK-
JOKK

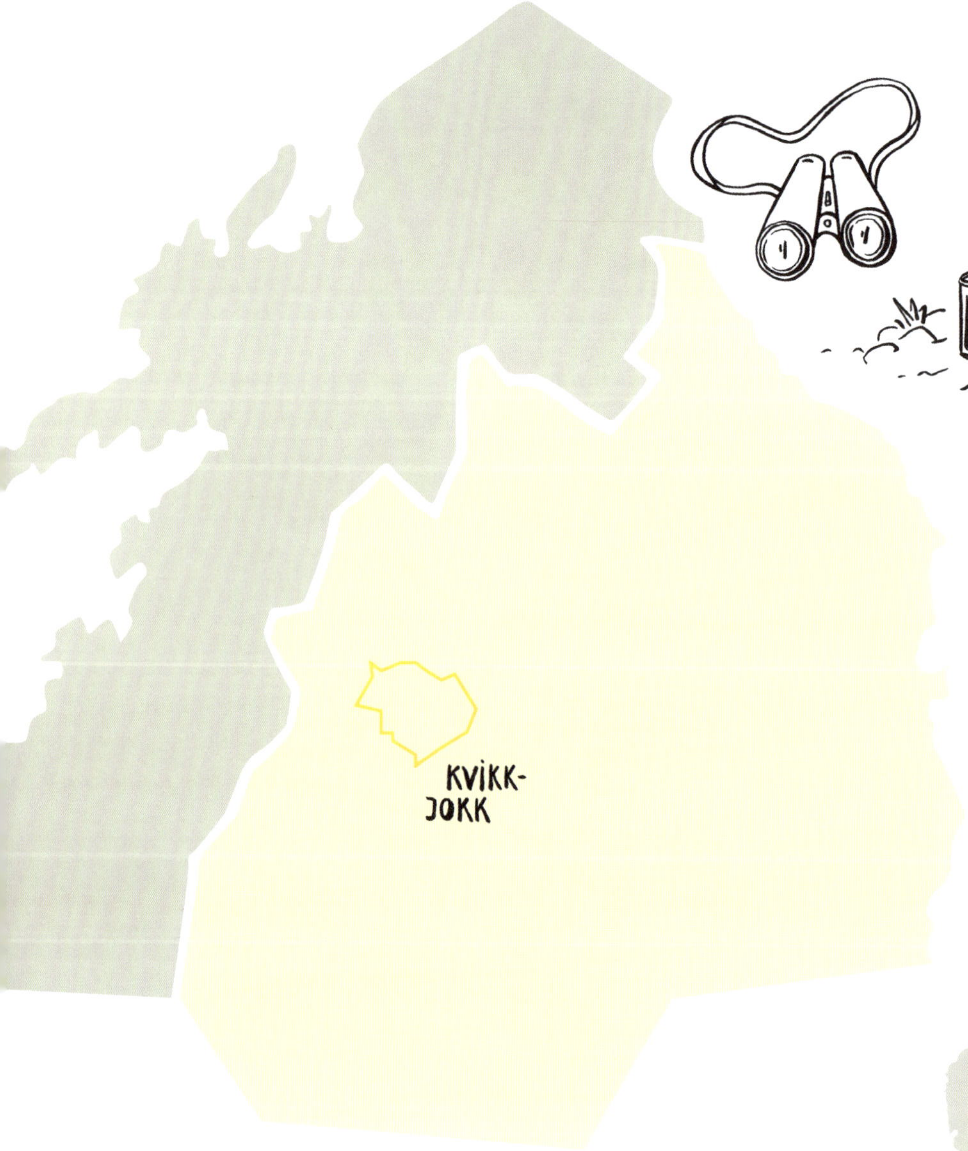

KVIKKJOKK

BAIENFURT

Jochen Keller kommt aus Ravensburg, Baden-Württemberg, und studiert seit 2012 Medizin. Momentan wohnt er in Mannheim. Dieses Jahr (2019) macht er sein letztes Staatsexamen. Wo es danach hingeht, weiß er momentan noch nicht. Ansonsten reist er natürlich gerne, egal ob mit dem Kanu, mit dem Segelboot, zu Fuß oder mit dem Fahrrad, und ist immer neugierig darauf, Erfahrungen zu sammeln und neue Dinge auszuprobieren.

STRECKE 5910 KM ZEITRAUM AUGUST 2015 FORTBEWEGUNG ZU FUSS, AUTO MITREISENDE JOHANNES, SIMON, JAN BEREISTE LÄNDER DEUTSCHLAND, DÄNEMARK, SCHWEDEN

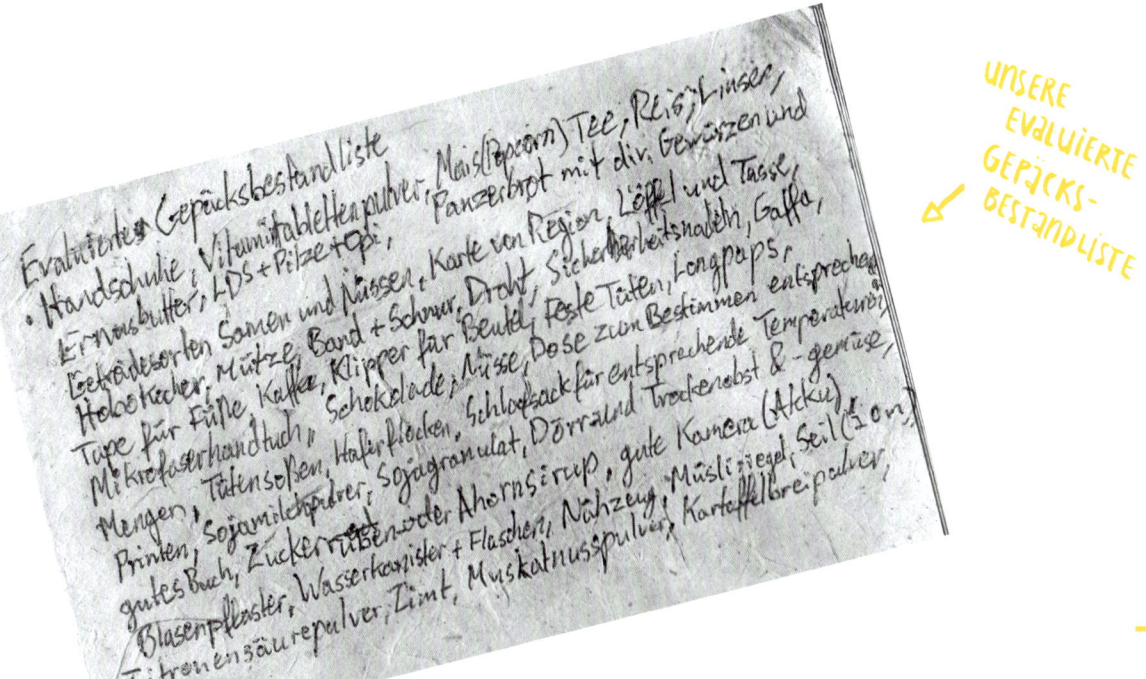

UNSERE
EVALUIERTE
GEPÄCKS-
BESTANDLISTE

IN JEDE RICHTUNG GAB ES MINDESTENS VIER TAGESMÄRSCHE WEIT KEIN ANZEICHEN VON MENSCHEN. KEIN HAUS, KEINE STRASSE, NICHT EINMAL EIN WEG, NICHTS.

EXPEDITION POLARKREIS

Tag 5 von 20: Von weitem sah die kleine Gletscherzunge wie ein silberweißes glänzendes Tuch aus, das sich an das steile Ufer des Sees anschmiegte. Ein See, dem man seine Kälte ansah – trotz seiner Tiefe konnte man in dem glasklaren Wasser bis auf den Grund sehen. Je näher wir kamen, desto schwieriger wurde unser Weg und desto langsamer kamen wir voran. Als wir schließlich nach stundenlanger Kletterei vor dem kleinen Gletscher standen, wollten wir es zuerst nicht wahrhaben, dass es keinen Weg hinübergeben sollte. Das spiegelglatte Eis war eingerahmt von einer unpassierbaren Felswand oben und mündete in einer jähen Abbruchkante direkt in den eisigen See unten. Wir versuchten, das Eis zuerst ohne Rucksack zu queren. Es musste doch irgendwie möglich sein, hinüberzukommen. So suchte jeder auf seine Weise nach einer Lösung. Der eine zerbrach seinen Wanderstock, um die zwei Teile als spitze Eisnägel zu nutzen. Ein anderer versuchte, an der steilen Felskante entlangzuklettern. Bald wurde jedoch klar, dass wir mit unseren schweren Rucksäcken nicht weit gekommen wären. Die Gefahr, abzurutschen, wäre einfach zu hoch gewesen, und wäre man erst einmal losgerutscht, hätte es kein Halten mehr gegeben, und das nicht ungefährliche Eisbad wäre sicher. Die gesamte Ausrüstung des Unglücklichen wäre dann wohl nass geworden oder sogar untergegangen. Vielleicht wäre das anderswo nicht schlimm gewesen, nahe an einer Straße, nahe der Zivilisation. Doch hier waren wir auf uns allein gestellt, und so war das Risiko zu hoch. In jede Richtung gab es mindestens vier Tagesmärsche weit kein Anzeichen von Menschen. Kein Haus, keine Straße, nicht einmal ein Weg, nichts. Und so wählten wir den vernünftigeren, den sichereren Weg und machten kehrt, um den See über das andere Ufer zu umrunden. Erschöpft errichteten wir abends unser Lager, nicht weit von dort entfernt, wo wir schon tags zuvor genächtigt hatten.

OBEN DIE GANZE RASSELBANDE
VON LINKS: JOJO, JOCHEN,
SIMON, JAN
UNTEN WO IST DER GIPFEL?
»FREIE« AUSSICHT GARANTIERT

DER SAREK-
NATIONALPARK
WIRD OFT
ALS »LETZTE
WILDNIS EUROPAS«
BEZEICHNET

TIPP UND KAUFEMPFEHLUNG:

PANZERBROT

BROT(520g)
AUS DER DOSE

BASIS NOT-VERPFLEGUNG

HALTBARKEIT: 10 JAHRE MHD

ZUTATEN:

WASSER, SAUERTEIG
(15% ROGGENVOLLKORNMEHL,
75% WASSER), ROGGENMEHL (28%),
WEIZENMEHL, HEFE, JODIERTES
SPEISESALZ (SALZ, NATRIUMJODAT)

URSPRUNG: DEUTSCHLAND

LINKS ÜBER STOCK UND STEIN
IM SAREK-NATIONALPARK NAHE
DES POLARKREISES

Keine Ahnung, wie es in einem Gebiet, wo wir weit und breit die einzigen Menschen sind, so viele Stechmücken geben kann. An einem Tag hatte ich den Eindruck, dass alle Moskitos aus dem Umkreis von zehn Kilometern den Braten uns gerochen haben und hergekommen sind. Zum Glück hatten wir uns auf einen solchen Angriff vorbereitet. Langärmelig, mit Handschuhen und Mückennetz über dem Kopf, ohne einen Quadratzentimeter Haut zu entblößen, waren wir zwar sicher, litten dann aber unter der unsäglichen Hitze. Einen Tod muss man eben sterben. Zum Glück kam bald wieder Wind auf, und alle Quälgeister wurden hinfortgepustet.

Wir zogen aus, um die Erfahrung zu machen, wie sich die Natur in ihrer ursprünglichsten Form anfühlt.

Unser Ziel war einfach: Wir wollten für drei Wochen so weit von der Zivilisation weg, dass wir keine Anzeichen mehr von ihr sahen.

Unser Traum war es, abseits der ausgetretenen Pfade zu wandern, genauer gesagt, abseits von allen Pfaden, einfach nur wir und die unberührte Natur. Wir suchten die Freiheit, selbst zu entscheiden, wo es hingehen soll, welchen Berg wir erklimmen und welche Richtung wir einschlagen wollen. Und wir wollten auch die Herausforderung annehmen, den Weg dorthin selbst zu finden, welches Tal es entlanggehen soll und welchen Fluss wir wo queren. Und natürlich suchten wir die Stille, die Abgeschiedenheit von der Welt der Menschen, welche uns zu Hause so allumfassend umgibt, dass wir oft kaum mehr wahrnehmen, dass es auch eine andere Welt da draußen gibt, eine Welt ohne Menschen. In Deutschland ist selbst der Wald eine reine Kulturlandschaft. Alles im Wald ist entweder vom Menschen gebaut und gepflanzt, oder es wächst dort, weil es vom Menschen geduldet wird. Man stößt dabei natürlich ständig auf Anzeichen der Veränderung durch den Menschen. Wir zogen aus, um die Erfahrung zu machen, wie sich die Natur in ihrer ursprünglichsten Form anfühlt. Und wo könnte man das in Europa besser machen als weit oben in Lappland? Dort, wo noch viel Natur unberührt ist und die Tundra zum Querfeldeinwandern einlädt.

Wenn man querfeldein wandert, muss man ständig improvisieren und manchmal auch wieder zurück. Man weiß eben nie genau, wo man entlangwandern wird, denn es gibt keinen Weg, der einen führt, aber genau das hatten wir ja gesucht.

Dafür reisten wir in den Sarek-Nationalpark in Schweden, nördlich des arktischen Polarkreises. Dazu packten wir meinen kleinen Twingo bis unter das Dach voll mit Ausrüstung und Lebensmitteln. Hauptsächlich mit Lebensmitteln, ehrlich gesagt, denn Essen für fast drei Wochen mit sich herumzutragen ist schwer, und das, obwohl wir genau geplant hatten und nur sehr trockene, leichte Nahrung einpackten. Eingemauert von Gepäck und ohne große Bewegungsfreiheit, waren wir so zu viert die knapp 3000 Kilometer bis zum Ziel gefahren. Bei der Weite und Freiheit des Nordens war die Fahrt aber schnell vergessen. ●

DEINE HOBO-OFEN BASTEL-ANLEITUNG

Warum »Hobo«-Ofen?

Der Hobo-Ofen ist nach den Hobos, den nordamerikanischen Wanderarbeitern, benannt, denen er als Herd und Heizung diente.

①

DU BRAUCHST:
EINE LEERE, GROSSE KONSERVENDOSE!

ENTFERNE ZU ALLER-ERST DEN DECKEL!

④

GROSSE ÖFFNUNG · DOSE · DECKEL

LEGE NUN DEN DECKEL VON OBEN AUF DIE 4 UMGE-KLAPPTEN ÖFFNUNGEN!

②

X AN GESTRICHELTER LINIE SCHNEIDEN

BODEN

AN ALLEN 4 SEITEN DER DOSE EINE KLEINE QUADRATISCHE ÖFFNUNG HE-RAUS SCHNEIDEN UND NACH INNEN KLAPPEN!

ZUSÄTZLICH DAZU NOCH EINE FÜNFTE, GROSSE, UM SPÄTER DAS FEUER ANZUZÜNDEN!

GROSSE ÖFFNUNG

→ KLEINE ÖFFNUNGEN

→ SIE TRAGEN NACHHER DEN DECKEL!

⑤

ZUM SCHLUSS NOCH 3 ÖFFNUNGEN OBEN HERAUS-SCHNEIDEN!

⑥

DAS HOLZ AUF DEN DECKEL IN DIE DOSE LEGEN UND DURCH DIE ÖFFNUNG ANZÜNDEN!

FERTIG IST DEIN SELBST-GEBAUTER RECYCLING HOBO-OFEN!

③

LÖCHER

DECKEL

STECHE NUN EINIGE LÖCHER IN DEN DECKEL. SIE DIENEN SPÄTER ALS LUFT-ZUFUHR!

GUTEN APPETIT!

DER ÖKOLOGISCHE FUSSABDRUCKTEST

EIN ANSCHAULICHER VERGLEICH

Der ökologische Fußabdruck« wird als Nachhaltigkeitsindikator bezeichnet. Er misst, wie viel Land und Wasserfläche wir benötigen, um die Energie und die Rohstoffe zu produzieren, die wir täglich verbrauchen. So kann man Biokapazität (Land und Wasserflächen) mit dem Ressourcenverbrauch vergleichen und sehen, ob mehr Ressourcen verbraucht werden, als wir eigentlich mit einer Erde produzieren oder kompensieren können. Die durchschnittlichen deutschen Bürger benötigen durch ihren Verbrauch etwa 3,2 Erden mit ihrem momentanen Lebensstil. Menschen, die in Indien genau das gleiche Leben führen wie das eines Durchschnittsdeutschen, benötigen hingegen nur 1,1 Erden. Wie kann das sein? Der ökologische Fußabdruck einer Person umfasst sowohl persönliches als auch gesellschaftliches Handeln. Du kannst sehr einfach deinen eigenen Fußabdruck durch deinen Lebensstil beeinflussen, jedoch wird dieser eben auch durch gesellschaftliches Handeln wie Dienstleistungen, Infrastruktur oder Energieproduktion beeinflusst. Alle Bürger*innen eines Landes bekommen einen prozentualen Teil des gesellschaftlichen Fußabdrucks zugewiesen. Wenn du also deinen Fußabdruck senken willst, kannst du das anhand deines Lebensstils verändern, aber auch durch politische Wahlen.

Um den ökologischen Fußabdruck von allen Ländern der Welt realistisch vergleichen zu können, wurde die Einheit »Globaler Hektar« pro Person (»gha«) eingeführt. Denn die Fruchtbarkeit der Böden auf der Erde ist nicht gleich aufgeteilt. Manche Länder haben, verteilt auf ihre Fläche, einen größeren Anteil an Gebirgen oder Wüsten und weniger fruchtbare Wiesen und Ackerland als andere. Ein »Globaler Hektar« bezeichnet also einen Hektar Erde mit durchschnittlicher weltweiter biologischer Produktivität.

Quellen:
www.footprintcalculator.org
www.bundjugend.de/
oekologischer-fussabdruck/

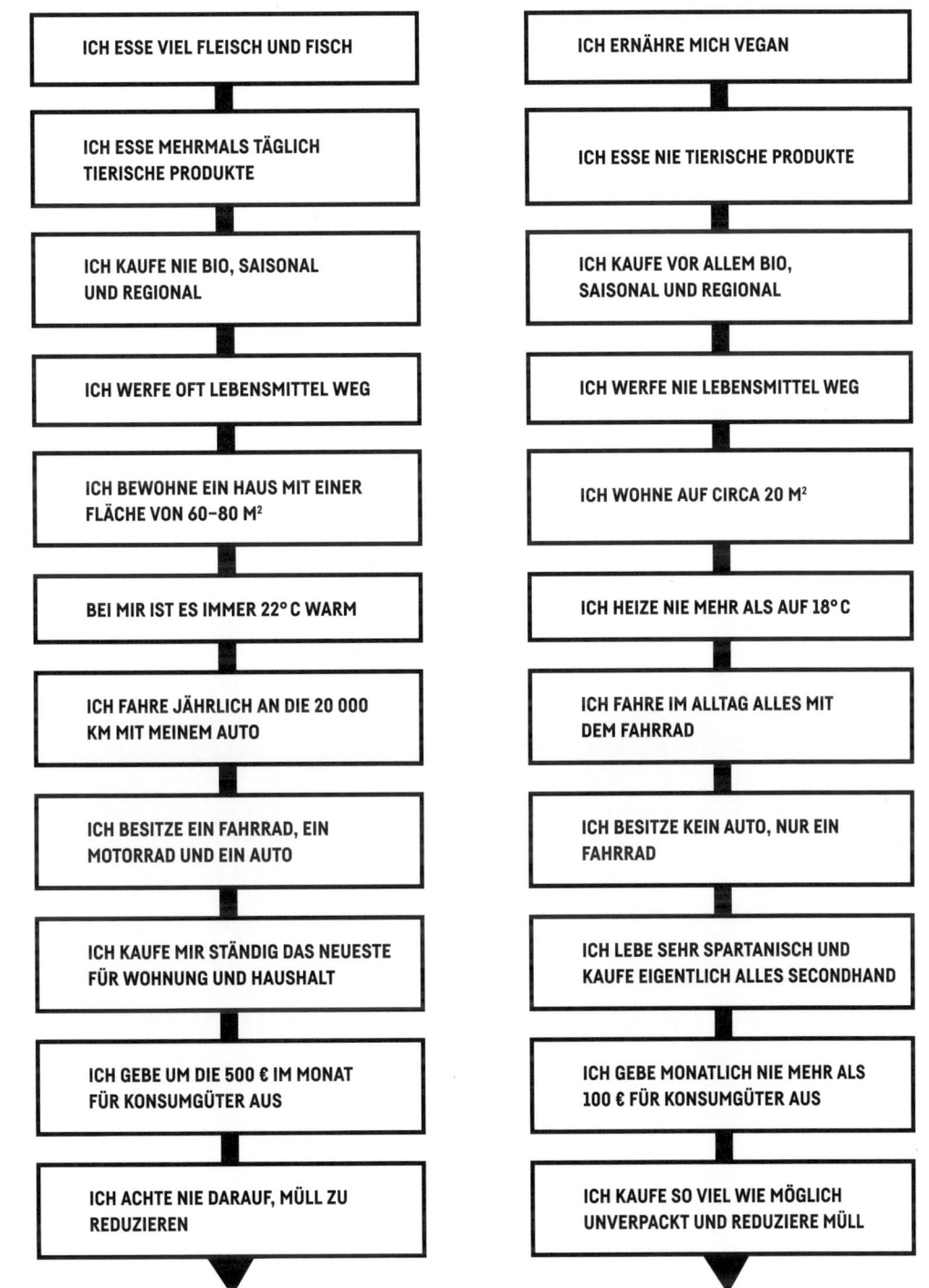

ICH ESSE VIEL FLEISCH UND FISCH

ICH ESSE MEHRMALS TÄGLICH TIERISCHE PRODUKTE

ICH KAUFE NIE BIO, SAISONAL UND REGIONAL

ICH WERFE OFT LEBENSMITTEL WEG

ICH BEWOHNE EIN HAUS MIT EINER FLÄCHE VON 60–80 M²

BEI MIR IST ES IMMER 22°C WARM

ICH FAHRE JÄHRLICH AN DIE 20 000 KM MIT MEINEM AUTO

ICH BESITZE EIN FAHRRAD, EIN MOTORRAD UND EIN AUTO

ICH KAUFE MIR STÄNDIG DAS NEUESTE FÜR WOHNUNG UND HAUSHALT

ICH GEBE UM DIE 500 € IM MONAT FÜR KONSUMGÜTER AUS

ICH ACHTE NIE DARAUF, MÜLL ZU REDUZIEREN

ICH ERNÄHRE MICH VEGAN

ICH ESSE NIE TIERISCHE PRODUKTE

ICH KAUFE VOR ALLEM BIO, SAISONAL UND REGIONAL

ICH WERFE NIE LEBENSMITTEL WEG

ICH WOHNE AUF CIRCA 20 M²

ICH HEIZE NIE MEHR ALS AUF 18°C

ICH FAHRE IM ALLTAG ALLES MIT DEM FAHRRAD

ICH BESITZE KEIN AUTO, NUR EIN FAHRRAD

ICH LEBE SEHR SPARTANISCH UND KAUFE EIGENTLICH ALLES SECONDHAND

ICH GEBE MONATLICH NIE MEHR ALS 100 € FÜR KONSUMGÜTER AUS

ICH KAUFE SO VIEL WIE MÖGLICH UNVERPACKT UND REDUZIERE MÜLL

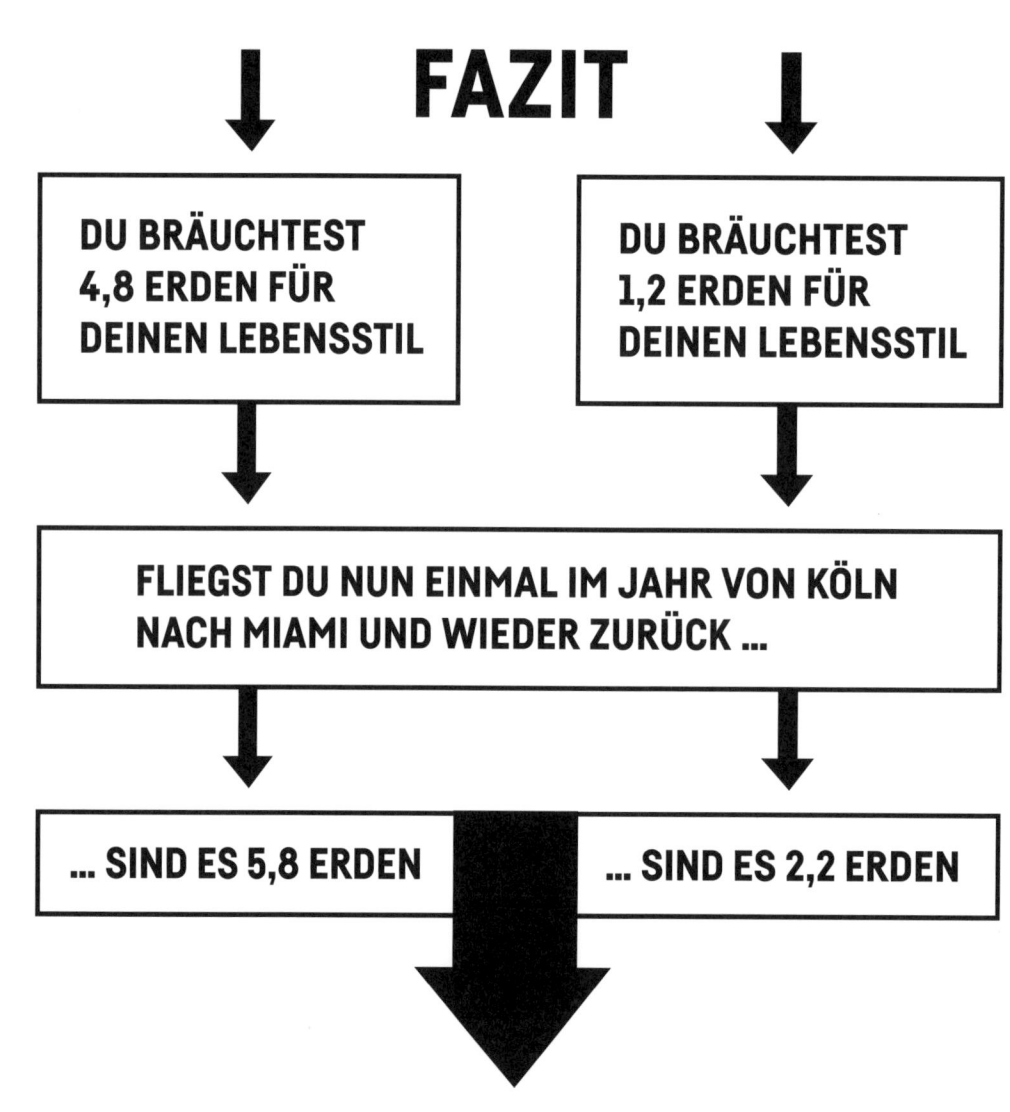

FAZIT

DU BRÄUCHTEST 4,8 ERDEN FÜR DEINEN LEBENSSTIL

DU BRÄUCHTEST 1,2 ERDEN FÜR DEINEN LEBENSSTIL

FLIEGST DU NUN EINMAL IM JAHR VON KÖLN NACH MIAMI UND WIEDER ZURÜCK ...

... SIND ES 5,8 ERDEN

... SIND ES 2,2 ERDEN

DU BRAUCHST ALSO EINE ERDE MEHR NUR AUFGRUND EINER EINZIGEN MEHRSTÜNDIGEN FLUGREISE IM JAHR!

Falls du gerne deinen eigenen ökologischen Fußabdruck ausrechnen magst, geh einfach auf: **www.fussabdruck.de**.

Quelle: www.fussabdruck.de

»MIT JEDEM TAG WAR ICH DRAUSSEN IN DER NATUR EIN BISSCHEN MEHR ZU HAUSE. ES WAREN FÜNF MONATE VOLLER FARBENPRÄCHTIGER SONNENUNTERGÄNGE, TIEF- BLAUER SEEN, RAUSCHENDER WÄLDER, KARGER HOCH- EBENEN UND SCHROFFER GEBIRGSLANDSCHAFT.«

PHILIPP FUGE

MONATE

LEGENDE

BEREISTE LÄNDER IN ...

- allen 5 Geschichten
- 3 Geschichten
- 2 Geschichten
- 1 Geschichte

—— **FAHREND LERNEN**
2 MONATE
Fahrradbus, per Anhalter

········· **DER OSTEN RUFT**
2 MONATE
Fahrrad, Bus, Zug, per Anhalter

- - - - **KEIN SCHRITT UMSONST**
4 1/2 MONATE
zu Fuß, Zug, Schiff, Bus

- - - - - **24/36 STUNDEN REISELEBEN**
7 MONATE
per Anhalter, Bus, Zug, Schiff

〜〜〜 **DER KODEX EINER WELTREISE**
6 MONATE
Fahrrad, per Anhalter, Bus, Zug, Schiff

TEXT UND
FOTOGRAFIEN
VON
MARIE ECKART

FAHREND LERNEN

Marie Eckart wohnt derzeit im Allgäu, in Sulz-
brunn, in einer kleinen Wintergemeinschaft. Die
Gemeinschaft behandelt den Themenschwerpunkt
»Sacred Activism«. Darüber hinaus ist sie weiterhin
als Wanderstudentin unterwegs.

STRECKE 2260 KM ZEITRAUM JULI BIS SEPTEMBER 2017 FORTBEWE-
GUNG FAHRRADBUS, PER ANHALTER MIT UND OHNE FAHRRADBUS MIT-
REISENDE WANDERUNIGRUPPE 2017 UND GÄSTE BEREISTE LÄNDER
DEUTSCHLAND, FRANKREICH

ICH SEHNE MICH OFT IN
WEITE FERNEN, UND DANN
FINDE ICH SIE HIER. RIECHE
FREMDE GERÜCHE UND
STAUNE. FERN IST DANN
GANZ NAH. MEINE SEELE
KOMMT BEI DER FAHRRAD-
BUSGESCHWINDIGKEIT
GUT MIT.

FAHREND LERNEN

ch reise. Ich reise in Klängen, in Farben und in Bildern meiner Erinnerung, die wieder wach werden. Erinnerungsbilder, die sich unter der dicken Schneeschicht, hier vor meinem Allgäuer Fenster, hervorschälen.

Da ist es warm. Sommer. Wir sind zu fünft. Kennengelernt haben wir uns über das Netzwerk »Wanderuni« und wollen nun für drei Monate gemeinsam durch Deutschland ziehen. Wir sind auf der Suche. Oder anders: Wir sind bereit, zu finden. Wir fragen uns, wie wir lernen können und uns dabei gerecht bleiben. Wo wir Antworten finden, auf Fragen, die aus unseren tiefsten Tiefen in Worte steigen und zu unseren Weggefährten werden. Wir ziehen los. An Orte, an denen Wandel sichtbar wird, gezogen von der Hoffnung, dort Antworten auf diese Fragen und Themen zu finden. Wir sehnen uns danach, Menschen zu begegnen, die uns inspirieren, die uns zeigen: So kann Leben gelebt werden, die ihre Schatztruhe an Lebenserfahrung für uns öffnen.

Zunächst jedoch lassen wir uns aufeinander ein, entdecken tiefere Schichten in uns. Freundschaften entstehen, und wir lernen, was es bedeutet, wenn du weinst, wenn du lachst, wie mein Gesicht aussieht, wenn ich mich wundere, mich das Fahrradfahren nervt, wie du bist, wenn du Hunger hast.

Wir lassen uns ein auf eine praktische Herausforderung, den Fahrradbus. Mit diesem werden wir schon, bevor es Anfang Juli losgeht, ein wenig vertraut, bauen ein neues Bremssystem ein, warten ihn und befreien ihn aus der dünnen Staubschicht, unter der er seit der letzten größeren Tour schlummert.

Reisen mit dem Fahrradbus ist eine besondere Angelegenheit. So fühlt sich eine Mischung aus Wandern und Radfahren an. Wir sind langsam unterwegs, fahren zwischen zehn und fünfzig Kilometer am Tag. Dabei taucht ab und zu das Bild einer Raupe auf. Beim Fahrradbusfahren sind wir frei, zu essen, nach dem Weg zu schauen, Gitarre zu spielen, zu nähen, was uns gerade in den Sinn kommt und sich mit dem Treten kombinieren lässt. Oft lesen wir uns vor und sprechen anschließend über die Inhalte der Artikel.

Manchmal ärgern wir uns darüber, dass es sich anfühlt, als kämen wir kaum vom Fleck. Morgens sind wir träge, und meistens fahren wir erst unter der Mittagssonne weiter. Los, von den Orten,

OBEN WIR ALLE MIT UNSEREM
NEUEN ZUHAUSE, DEM FAHRRADBUS
UNTEN ABENDESSEN BEI SONNEN-
UNTERGANG IM WILDEN DEUTSCHLAND

die uns über Nacht Heim waren. Von den Wiesen und Birkenwäldchen, meist in Flussnähe, den Gärten, von Menschen, mit denen wir ins Gespräch kommen, die uns herzlich willkommen heißen. Dort schlagen wir unsere Plane auf, schlafen unter den Sternen, Geschichten erzählend, ein. Mal mit Freude auf den nächsten Tag, mal mit Unlust, morgen schon wieder alles mühsam auf dem Fahrradbus verstauen zu müssen, mit Spanngurten festzuzurren, dass auch nichts während der Fahrt verloren geht, der Wind es nicht mittragen kann, wenn wir Hügel hinunterbrausen.

Was mir noch bunt in Erinnerung ist, ist das Gefühl, uns überall unser kleines Zuhause zu schaffen. Isomatte, Schlafsack und warme Gefährt*innen. Das ist genug, in dieser Zeit. So verbringen wir auch ein paar Tage an Raststätten, als wir den Fahrradbus einmal quer durch Deutschland transportieren. Wir tauchen ein in die Welt der Lastwagenfahrer. Ja, die meisten, die wir treffen, sind Männer. Ja, die meisten sprechen Sprachen, über die wir nur staunen, ohne sie zu verstehen. Diese Tage schmecken nach Abenteuer. Wir schlafen im Restaurant eines Autohofs, um dann frühmorgens um sechs Uhr sofort mit viel Glück den Fahrradbus in einem halb leeren LKW zu verstauen. Wir trampen dem LKW voraus und erwarten unser Gefährt – wo, das habe ich vergessen.

Wir telefonieren auch Speditionen in den gelben Seiten durch und finden eine Spedition, zu der wir radeln und von der wir am nächsten Tag mitgenommen werden. Ich staune.

Ebenfalls bunt in Erinnerung behalte ich das Gefühl, dass alles möglich ist. Manchmal wünschen wir uns morgens etwas, wünschen uns oft essbare Luxusgüter oder ungestörte Schlaf-

plätze und werden oft davon überrascht, dass die Wünsche bis zum Abend erfüllt werden. Einmal finden wir in der Heilbronner Innenstadt einen Anhänger, der uns am Abend noch 100 Kilometer weitertransportiert, bis zum nächsten Fluss, an dessen Ufern wir dann weiterstrampeln.

Ich schöpfe viel aus Gesprächen, die oft beim Frühstück beginnen und sich in den Vormittag ziehen. Ich schöpfe daraus, ich sein zu dürfen, gemeinsam zu weinen, Gefühle zeigen zu dürfen. Das lerne ich wieder ganz neu.

Ein besonderes gemeinsames Unterwegssein. Oft zehrt es an unseren Kräften, aufeinander warten zu müssen. Unterschiedliche, unvereinbare Rhythmen vereinbaren zu müssen. Ich will früh aufstehen, gleich los, du brauchst Schlaf, magst den Morgen für dich. Da ist auch Schwere da, Trübseligkeit, Lustlosigkeit, Konflikt, der sich dann irgendwann entlädt. Da sind Liebesgefühle und die Unsicherheit, wie diese überhaupt in die Gruppe passen. Wir erkennen, wie wichtig es ist, offen miteinander zu sein, direkt miteinander zu sein. Ohne Angst, einander zu verletzen, ohne schon im Vorhinein zu denken, dieses Bedürfnis wird mir sowieso nicht erfüllt, deshalb äußere ich es gar nicht. Wir lernen aneinander, im Miteinander und auch von der Welt, mit der wir uns in Dialog begeben. Oft sind es kurze, spontane, einfache Begegnungen, aus denen wir Vertrauen schöpfen. Wir spüren die große Herzlichkeit, von der wir dachten, sie wäre uns schon verloren gegangen. Begegnungen und Inhalte, die wir gemeinsam reflektieren können und aus denen sich unser Bild von Gesellschaft vervollständigt, und dass wir mehr und mehr greifen können, wie die Welt, in der wir uns wünschen zu leben und die wir gestalten möchten, aussieht. Bilder, die wir gemeinsam, unter den Sternen liegend oder dem Regenprasseln auf dem Tarp zuhörend, erspinnen, einfärben und erklingen lassen. Aus denen sich vielleicht kleine Vorsätze und Aufgaben ergeben, nur das

Wir sind langsam unterwegs, fahren zwischen zehn und fünfzig Kilometer am Tag. Dabei taucht ab und zu das Bild einer Raupe auf.

OBEN EIN KLEINES PÄUSCHEN IN DER NATUR
UNTEN SPIELEND DEN TAG AUSKLINGEN LASSEN

Ich genieße es, durch Deutschland zu ziehen. Ein Land, in das ich willkürlich einsortiert bin. Seiner endlosen Vielfältigkeit begegnen und sie erforschen.

DER FAHRRADBUS

»DER FAHRRADBUS IST EIN NEBENEINANDER FÜR MEHRERE PERSONEN UND PILOTPROJEKT FÜR KONVIVIALE TECHNIK. MIT DEM FAHRRAD-BUS FAHREN WIR GEMEINSAM IN EINE ZU-KUNFTSFÄHIGE MOBILITÄTSKULTUR!«

Der Fahrradbus ist ein besonderes Gefährt. Vor einigen Jahren entwickelt, aus der Frage, wie zukünftige kreativ-nachhaltige Mobilität aussehen kann. Mit Gepäcknetz und auf drei Rädern ist ein Fahrradbusmodul ein stadttaugliches Einkaufsfahrzeug, das viel Interesse und Begeisterung auslöst. Auf Reisen teils mit Vorsicht zu genießen, da der Eigenbau doch immer wieder reparaturbedürftig ist und unmotorisiert doch hauptsächlich für gerade Strecken tauglich. Anleitungen zum eigenen Fahrradbusbau können im Internet gefunden werden, der Fahrradbus ist ein opensource, lowtech Fahrzeug. Inzwischen gibt es auch eine motorisierte Version in Schwäbisch Gmünd, einige Module in Lüneburg, Berlin und Freiburg und ein Reisemodul in einem Projekt in Barcelona.

mehr Infos unter: **www.fahrradbus.com**

zu tun, was ich wirklich tun mag, und das zu lassen, wozu mich mein Pflichtbewusstsein quält. Und wenn ich das Tarp heute nicht zusammenpacke, dann tut das heute jemand anderes.

Ich genieße es, durch Deutschland zu ziehen. Ein Land, in das ich willkürlich einsortiert bin. Seiner endlosen Vielfältigkeit begegnen und sie erforschen. Für mich ist das ein bisschen wie puzzeln. Geschichten von Leben in diesem Land lauschen. Blumen und Gräser am Wegesrand bestimmen und essen. Wilden Meerrettich ausbuddeln. Ich sehne mich oft in weite Fernen, und dann finde ich sie hier. Rieche fremde Gerüche und staune. Fern ist dann ganz nah. Meine Seele kommt bei der Fahrradbusgeschwindigkeit gut mit. Und steht der Fahrradbus mal mit gebrochenen Speichen am Wegesrand, dann hat sie sogar Zeit, ihn einzuholen, während wir lernen, neu einzuspeichen. Ich fühle mich ganz und nicht zerrissen. Die letzte Zeit verbringen wir an einer freien Schule in der Nähe von Freiburg, an der wir mit einem Gestalttherapeuten Offengebliebenes abrunden und mit weitem Blick auf unsere Monate zurückschauen. Der Fahrradbus bekommt neue Farbe.

Ich tauche auf. Der weiße Schnee leuchtet hell im Dunkeln vor dem Fenster. ●

Nachhaltig und plastikfrei unterwegs ...

Praktische Reiseutensilien

SEIFEN +
SEIFENDOSE

WASSERFILTER

EIGENES
HANDTUCH
SCHNELLTROCKNEND

STOFFTASCHEN-
TÜCHER

BAMBUS-
ZAHNBÜRSTE

STOFFBINDEN

MENSTRUATIONS-
TASSE

KEIN
SCHRITT
UMSONST

TEXT UND
FOTOGRAFIEN VON
PHILIPP FUGE

NORDKAPP
SKAIDI
TROMSÖ
POLARKREIS
TÄRNABY
STOCK-HOLM
MULLSJÖ
TRELLEBORG
ROSTOCK
BERLIN

Philipp Fuge lebt in Berlin-Neukölln und arbeitet als Arzt. Er geht gerne klettern, spielt Theater in einer Amateurgruppe und ist ehrenamtlich in einer evangelischen Kirchengemeinde aktiv. Er liebt es, draußen in der Natur zu sein und Landschaftsfotos zu machen. Sooft er Zeit dafür findet, plant er an neuen Touren oder schultert seinen Wanderrucksack und zieht los. Zuletzt lief er von Gibraltar ans Nordkap und hat ein Buch darüber geschrieben.

www.gibraltar-nordkap.com

STRECKE 6660 KM **ZEITRAUM** MITTE MÄRZ BIS ANFANG AUGUST 2016 **FORTBEWEGUNG** ZU FUSS, SCHIFF, BUS UND ZUG **REISENDE** ALLEIN (HINWEG), MIT MARTIN (RÜCKWEG) **BEREISTE LÄNDER** DEUTSCHLAND, SCHWEDEN, NORWEGEN, FINNLAND, DÄNEMARK

DIE WELT SCHEINT PLÖTZLICH AUF GANZ WENIGE DINGE REDUZIERT. DA IST NICHTS ALS DAS ZUSAMMENSPIEL AUS WASSER, SCHNEE, FELS UND EIS. MEINE SINNE HABEN GELEGENHEIT, SICH ZU ENT-SPANNEN. DIE LUFT IST KALT UND GERUCHLOS. ES HERRSCHT VOLLKOMMENE STILLE.

KEIN SCHRITT UM- SONST

—

RECHTS WILDCAMPING
MIT WEITBLICK IM SAREK-
NATIONALPARK

2016 bin ich von Berlin bis zum Nordkap gewandert. Abgesehen von der Fährüberfahrt von Rostock nach Trelleborg, bin ich alles gelaufen, insgesamt waren das 3325 Kilometer. 2019 bin ich dann vom südlichsten Punkt Europas zum nördlichsten gewandert und habe ein Buch darüber geschrieben, »Der Weg ist mein Zuhause«.

Meine erste lange Wanderung nur eine verrückte Idee, aber irgendwie ließ sie mich nicht mehr los. Ohne so recht daran zu glauben, dass ich so eine Tour schaffen kann, habe ich angefangen zu planen und zu organisieren — Auszeit auf der Arbeit, nächtelanges Brüten über Landkarten, das Reisebudget zusammensparen und vieles mehr. Gestartet bin ich bei frostigem Vorfrühlingswetter mit 25 Kilogramm auf dem Rücken. Schon kurz hinter Berlin kamen die ersten Zweifel — Kälte, Hunger, Erschöpfung, Einsamkeit. Während der ersten Wochen gab es immer wieder Momente, in denen ich am liebsten aufgegeben hätte. Doch Schritt für Schritt wurde es besser. Ob Sonne, Regen, Sturm, Nebel, Hagel oder Gewitter, Morgen für Morgen habe ich den Rucksack geschultert, und weiter ging's zum nächsten Schlafplatz — meistens das eigene Zelt, hin und wieder ein Unterstand oder eine kleine Hütte, selten mal ein Hostel und in klaren Nächten direkt unterm Sternenhimmel. Ein Leben nur mit dem Allernötigsten und ganz langsam. Oft war ich selbst erstaunt, dass mir nichts fehlt. Im Gegenteil, ich habe mich während dieser Zeit unendlich reich gefühlt. Mit jedem Tag war ich draußen in der Natur ein bisschen mehr zu Hause. Zwar war es manchmal anstrengend, über Blockfelder zu kraxeln, mich mit Heerscharen von Mücken herumzuschlagen, eiskalte Flüsse zu überqueren oder durch tiefen Schnee zu stapfen. Doch wurde ich immer wieder durch wundervolle Augenblicke belohnt. Es waren fünf Monate voller farbenprächtiger Sonnenuntergänge, tiefblauer Seen, rauschender Wälder, karger Hochebenen und schroffer Gebirgslandschaft. Ich war überwältigt von der Herrlichkeit der Schöpfung und musste viel darüber nachdenken, was wir durch unseren energiehungrigen, profitorientierten und zerstörerischen Lebensstil unserem Planeten, uns selbst und künftigen Generationen antun. Natürlich habe ich keine Lösungen für die vielfältigen und verworrenen Probleme unserer Zeit gefunden und bin immer noch ratlos, was ich, was wir tun können. Aber eines habe ich gelernt: nicht den Mut verlieren, denn jeder Schritt zählt!

Ich denke an die Rufe der Wildgänse und all die Freuden meines ungebundenen Nomadendaseins. Nein, ich will kein Auto. Ich will keinen Luxus und keinen Komfort.

15. April

Der Start in den Tag fällt schwer. Mein Frühstück ist nicht gerade üppig – ein paar Brotreste und Haferkekse, beides schon ziemlich zerkrümelt, und eine kleine Ecke Schmelzkäse, dazu Wasser aus dem See. Es sind noch 20 Kilometer bis zum Supermarkt in Mullsjö. Bis dahin muss ich mit zwei Schokoriegeln und einer Handvoll Nüssen auskommen.

Eine tiefhängende, eintönige Wolkenschicht taucht alles in ein trübes Grau. Ich kann kaum glauben, dass das derselbe Ort ist, der mich gestern Abend so bezaubert hat. »Plop, plop, plop …«, erste schwere Tropfen prasseln auf das Dach des Rastschutzes. Es macht den Anschein, als wolle es sich so richtig einregnen. Ich möchte da nicht raus. Am liebsten würde ich einfach wieder in den Schlafsack kriechen, aber es hilft nichts. Ich muss nach Mullsjö, denn ich brauche etwas zu essen.

Zum Glück klart es nach den ersten paar Kilometern auf und bleibt den ganzen Vormittag sonnig und mild. Der Södra Vätterleden führt durch Kiefernwald. Hier und da glitzern Seen zwischen den Stämmen hindurch. Es sieht mal wieder aus wie im Berliner Umland – 665 Kilometer und immer noch alles wie zu Hause.

Die Grenze zwischen Småland und der Provinz Västra Götaland ist am Wanderweg markiert. Ich mache es mir gemütlich und esse meinen restlichen Proviant mit einem Bein noch in Småland und mit dem anderen schon in Västra Götaland. Nie zuvor bin ich so lange am Stück gewandert – 665 Kilometer! Ich bin ein bisschen stolz auf diesen Erfolg. Zwar stehen mir noch 2670 Kilometer bevor, viermal so viel, wie ich jetzt schon in den Sohlen habe, aber ich lasse mich nicht entmutigen. Was zählt, ist der Augenblick, der Rest wird sich finden. Heute muss ich nur nach Mullsjö und noch ein kleines Stück weiter, bis zu einem geeigneten Schlafplatz. Mein Leben wird viel einfacher, wenn ich nicht ständig über den gegenwärtigen Tag hinausdenke.

Kurz vor Mullsjö verlasse ich den Södra Vätterleden, um erst hinter der Stadt wieder darauf zu stoßen. Das bedeutet ein Stück stark befahrene Straße, spart aber einige Kilometer. Der Himmel hat sich verdüstert, und schon bald beginnt es zu regnen. Mir bleibt nichts anderes übrig, als mich vor den spritzend vorbeidonnernden LKWs in den zugemüllten Graben zu flüchten. Plötzlich fühle ich mich ganz schön schäbig und abgestürzt. »Mann, Alter«, geht es mir durch den Kopf, »du bist Arzt und verdienst reichlich Kohle. Du könntest da oben in einem schicken Wagen an dir selbst vorbeidüsen und übermorgen am Nordkap sein.« Dann fällt mir der Sonnenuntergang von gestern Abend wieder ein. Ich denke an die Rufe der Wildgänse und all die Freuden meines ungebundenen Nomadendaseins. Nein, ich will kein Auto. Ich will keinen Luxus

und keinen Komfort. Obwohl ich hier unten durch Matsch und Abfall wate, bin ich reicher als je zuvor in meinem Leben. Ist das nicht eine wundervolle Erfahrung!

Trotz Regen und Sturmböen komme ich gut gelaunt in Mullsjö an. Ich brauche Essen für knapp fünf Tage, denn der nächste Laden liegt 100 Kilometer weiter nördlich in Mölltorp. Es wird also ein kleiner Großeinkauf. Dementsprechend umständlich ist hinterher das Verstauen im Rucksack. Drinnen bei den Kassen ist es dafür zu eng. Draußen regnet es ohne Unterlass, und es gibt nirgends ein geschütztes Plätzchen. Nur direkt neben dem Eingang sorgt ein schmales Vordach für einen ungefähr 50 Zentimeter breiten, trockenen Streifen.

Ich bin nicht der Einzige, der sich hier unterstellt. Neben mir auf dem Boden sitzt ein Bettler. Ich werfe ein paar Kronen in seinen Pappbecher, wie um mich zu entschuldigen, dass ich ihm den Platz streitig mache. Dann fülle ich die Limonade in meine Trinkflaschen und gebe ihm die leeren Pfandflaschen. Meine Rechnung geht auf: Er verschwindet prompt im Laden, und ich kann mich ein bisschen ausbreiten.

Das Einpacken funktioniert nicht ohne Slapstick-Einlage. Mein neues Stück Seife erweist sich als zu groß für meine Seifendose. Kein Problem, denke ich, und zücke das Taschenmesser. Bedauerlicherweise geht das biestige Ding nicht so glatt durch, wie ich mir das vorgestellt habe. Beim Schneiden rieseln reichlich feine Krümel auf Rucksack und Proviant nieder. Ich versuche,

EINE EINSAME
STRASSE IN DER
NÄHE DES ROGEN-
NATURRESERVATS

sie einzusammeln, doch wie das bei diesem Wetter endet, kann man sich leicht vorstellen. Ehe ich michs versehe, ist alles, einschließlich meiner Hände, von einem glitschigen Film bedeckt. Aber wenigstens rieche ich und meine Sachen jetzt angenehm frisch gewaschen, und irgendwann ist auch die Seife klein genug für die Dose.

Jenseits der Stadt gelange ich wieder auf den Wanderweg, der jetzt nicht mehr Södra, sondern Västra Vätterleden heißt. Das letzte Stück geht es auf einem hart ansteigenden Pfad durch Nadelwald hinauf auf den Trolleberget. Zwar macht der Regen gerade Pause, doch der Himmel ist noch immer milchig trüb. Ich bemühe mich, rasch einen Platz für mein Zelt zu finden. Leider ist das schwerer als angenommen, denn die Bäume stehen dicht an dicht und der Untergrund ist felsig. An einem Bach verlasse ich den Weg und schlage mich auf gut Glück, dem Wasserlauf folgend, zwischen den Stämmen hindurch tiefer in den Wald hinein. Ich muss eine ganze Weile suchen, bis ich unter einer Fichte ein Stückchen ebenen, weichen Waldboden finde, gerade groß genug.

Als der letzte Hering steckt, setzt der Regen wieder ein. Aber nun kann mir das egal sein. Ich ziehe einfach den Reißverschluss zu. Draußen prasselt es auf die Plane, und ich liege drinnen im Warmen, das ist wahnsinnig gemütlich. Heute habe ich nichts mehr weiter zu tun, als mir mit meinen Einkäufen aus Mullsjö den Bauch vollzuschlagen.

11. Juni

Bald nachdem ich aufgebrochen bin, gelange ich in eine Umgebung mit schroffem, alpinem Charakter. Während ich an der nahezu senkrecht aufragenden Wand des Berges Aavaartoe entlanggehe, rutscht plötzlich ein großer Felsbrocken krachend in die Tiefe, gefolgt von einem Haufen Geröll, das etwas leiser hinterherpoltert. Das Geräusch lässt die unter dem schweren grauen Himmel still daliegende Hochgebirgslandschaft fühlbar erzittern. Es hallt lange nach und ruft mir ins Gedächtnis, wie klein ich hier draußen bin!

Nach Westen liegen, eingebettet in riesige Fichtenwälder, ein paar Seen und schimmern wie blankgeputzte blaue Edelsteine auf dunkelgrünem Samt. In nördlicher Richtung steigt das Gelände weiter an und geht in eine zerklüftete Mondlandschaft über. Dort glänzen, eingekeilt in schwarzes Gestein und weiße Schneefelder,

RECHTS HÄLLINGSÅFALLET – DER DONNERNDE CANYON IN SCHWEDISCH-JÄMTLAND

kleine, halb zugefrorene Gewässer und erinnern an zerbrochene Spiegel. Das messerscharfe Abbild der bizarr geformten Silhouette der dunklen Felsen ringsum schwimmt zitternd auf der Oberfläche, zerschnitten von den weißlich blauen Zacken der geborstenen Eisdecke.

Die Gegend ist rau und lebensfeindlich, dabei aber nicht abstoßend, sondern von durchaus anziehender Schönheit. Die Welt scheint plötzlich auf ganz wenige Dinge reduziert. Da ist nichts als das Zusammenspiel aus Wasser, Schnee, Fels und Eis. Meine Sinne haben Gelegenheit, sich zu entspannen. Die Luft ist kalt und geruchlos. Es herrscht vollkommene Stille, und der einförmig graue Himmel hüllt alles in ein starres Licht, irgendwo zwischen Tag und Nacht. Eine reglose Atmosphäre aus reiner Ewigkeit, die Werden und Vergehen und alles Glück und allen Schmerz, die darin liegen, zu einer bedrückenden und zugleich erlösenden Zeitlosigkeit versteinert. Das Einzige, was sich hier bewegt, bin ich – winzig klein und unentschieden zwischen Entsetzen und Glückseligkeit.

Es folgt ein baumloses, doch etwas weniger unwirtliches Hochtal. Der Boden senkt sich sanft bis zum tiefsten Punkt, wo ich mal wieder in die Tewa-Sandalen schlüpfen muss, um einen unverschämt kalten Bach zu durchqueren. Anschließend führt der Weg hinauf in einen noch tiefverschneiten Pass. Der Nachmittag ist schon weit fortgeschritten, ich bin müde und sehne mich nach einem Schlafplatz, doch hier oben will ich nicht bleiben.

Nachhaltig und plastikfrei unterwegs ...

Praktische Reiseutensilien

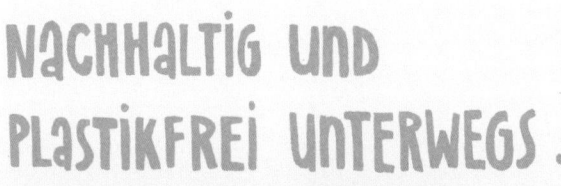
BROTDOSE

TASCHEN-
MESSER

BROTTUCH

STOFFTASCHE

TASSE + TELLER

WACHSTUCH

GÖFFEL

FRISCHHALTETUCH
AUS BAUMWOLLE
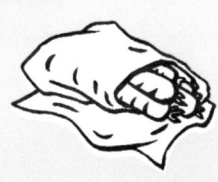

FLASCHE

THERMOS-
KANNE

OBEN SCHWEDEN, JÄMTLAND
UNTEN DIE WEITE DES
SCHWEDISCHEN LAPPLANDS

Durch tiefe Schneefelder am steilen Hang geht es abwärts. Irgendwo aus der weißen Decke quillt ein wildsprudelnder Bach hervor. Solche Wegstücke sind mir unheimlich. Kaum ein Schritt läuft reibungslos, mal rutsche ich ab, mal sinke ich ein, und ständig befürchte ich, dass größere Teile des angetauten Schnees zusammen mit mir hinabgleiten könnten, dass ich irgendwo in einen Wasserarm durchbreche oder sich eine Felsspalte auftut. Denn was alles unter mir verborgen ist, kann ich höchstens erahnen.

Unten angelangt, wirkt die Landschaft deutlich milder. Geröll liegt nur noch ganz vereinzelt herum. Zwischen beigem Sumpfgras wachsen Heidekraut und Weidengebüsch und in dicht gedrängten Grüppchen kleine krüppelige Bäume. Schon aus der Ferne höre ich, wie sich laut rauschend der nächste Fluss ankündigt. Mein Wunsch nach einer Brücke geht im wahrsten Sinne des Wortes teilweise in Erfüllung: Aus den Fluten ragen zwei einsame Brückenpfeiler, der Rest der Brücke fehlt. Also schon wieder ab ins kalte Wasser.

Glücklicherweise beginnt am anderen Ufer trockenes Grasland, unterbrochen nur durch ein paar Birkenwäldchen. Überall plätschern Bäche die Hänge hinab, und hier und da weiden Rentiere. Zum Zelten ist das ideal. Ich fläze mich auf meine Isomatte und bewege mich kein Stück mehr.

Das Einzige, was sich hier bewegt, bin ich – winzig klein und unentschieden zwischen Entsetzen und Glückseligkeit.

Erst spätabends bequeme ich mich noch einmal hinaus, um mir die Zähne zu putzen – ohne Badezimmer und Waschbecken, dafür aber vor einer Kulisse, die nicht so leicht zu toppen ist. Der Himmel ist jetzt viel klarer als tagsüber, und die goldenen Strahlen der tief im Nordwesten stehenden Abendsonne fallen genau auf die Berghänge gegenüber. In den Schwarz-Weiß-Kontrast des Flickenteppichs aus Schnee und Fels mischt sich eine ganze Palette herrlichster Farben von hellem Gelb über Orange und Rot bis zu warmen Brauntönen. Davor zeichnet sich scherenschnittartig das Geäst der nahegelegenen Bäume ab. Als ich die Augen schließe, bleibt dieses zauberhafte Bild einfach da und leuchtet in mir nach die ganze Nacht über.

3. August

Die Straße führt kontinuierlich bergan, und ich gerate ganz schön ins Schwitzen. Oben angelangt, erstreckt sich eine unübersehbar weite Hochebene. Ich gönne mir eine Rast, doch weht ein derart heftiger Wind, dass ich mich schon bald wieder auf den Weg mache, dick eingepackt in eine alles andere als hochsommerliche Garderobe. Mütze und Handschuhe, Windjacke mit Futter und die Regenhose als Kälteschutz über der Wanderhose, so stapfe ich als kleines Michelin-Männchen über das stürmische Fjäll.

Der Wind nimmt immer mehr zu. Er kommt von der Seite, und mein Rucksack bietet ihm eine optimale Angriffsfläche. Es fällt mir schwer, mich nicht umpusten zu lassen. Insbesondere wenn mich ein Lastwagen oder Bus überholt, wird es brenzlig. Wann immer ich die Fahrzeuge rechtzeitig bemerke, bleibe ich vorher stehen und ducke mich in den Straßengraben.

Als Wanderer bin ich hier der absolute Exot – bis auf den ein oder anderen Radler alle paar Stunden nichts als Autos, Autos und wieder Autos. Okay, ich sehe ein, dass das nicht verwunderlich ist, schließlich befinde ich mich auf einer Schnellstraße. Schöner wäre es ohne all die Blechkisten dennoch.

Autos besitzen, gemessen an dem Schaden, den sie anrichten, noch immer ein erstaunlich gutes Image. Es ist einfach schick und cool, ein Auto zu haben. Es macht einen smart und weltgewandt, flexibel und modern, es zeigt, dass man es zu etwas gebracht hat im Leben. Mit einem Auto kann man nichts falsch machen und steht immer auf der richtigen Seite. Mir ist das vollkommen unverständlich, wo wir doch inzwischen so viel über die gesundheitlichen Schäden und die Umweltbelastung durch Abgasausstoß wissen. […]

Von außen mag es als eine einzige entbehrungsreiche Zumutung erscheinen, wie ich mich da im Schneckentempo über die eiskalte, zugige Ebene kämpfe, während alle anderen an mir vorbeidüsen. Doch in mir drin sieht es vollkommen anders aus. Ohne im geringsten lügen zu müssen, kann ich behaupten, dass ich absolut glücklich bin. Ich schöpfe aus meiner Wanderung unendlich viel Kraft, Mut und Vertrauen. Immer wieder aufs Neue überrasche ich mich selbst und entdecke eine Stärke in mir, die mich mehr vollbringen lässt, als ich mir je zugetraut hätte. Ich lerne, dass es möglich ist, einen eigenen, ungewöhnlichen und steinigen Weg zu gehen. [...]

Nachdem ich das Repparfjorddalen hinter mir gelassen habe, erreiche ich die Ortschaft Skaidi. Hier zweigt die Schnellstraße nach Hammerfest ab. Gut möglich, dass die E6 im weiteren Verlauf ruhiger wird. Ich stoße auf ein etwas windschiefes, einstöckiges Gebäude. An der Außenwand hängt eine Tafel mit der Aufschrift »mat – food – Lebensmittel«. Drinnen gibt es auf engem Raum erstaunlich viel zu kaufen. Neben Essen auch Zeitschriften und einen bunten Mix aus Haushalt-, Schreib-, Spielwaren und Drogerieartikeln. In der Kuchentheke finde ich Salzbrezeln mit Butter. Aus einem Korb neben der Kasse angle ich mir einen Schwung Äpfel und Bananen. Die Kühltruhe bietet, abgesehen von Lachs und Rentierfleisch, die Auswahl zwischen Cornetto Erdbeere, Cornetto Erdbeere und Cornetto Erdbeere.

Draußen stehen zwischen zwei altertümlichen Zapfsäulen einige Picknicktische. Ich setze mich und lutsche zähneklappernd an meinem Cornetto Erdbeere. Ein paar arg vom Wind gebeutelte Sonnenschirme ächzen müde vor sich hin. Neben den Abfalltonnen stapeln sich Sperrmüll und leere Getränkekisten. Es ist kalt, zugig und grau. In den Pflanzenkübeln, die das Gelände von der Straße trennen, wächst spärlich etwas Unkraut, sonst nichts. Das Ganze ist so perfekt hässlich, dass es schon wieder anziehend wirkt. Es trägt den beinah unwirklichen Charme einer verzweifelten Vollkommenheit, und ich komme mir vor, als säße ich in der Kulisse einer modernen Peer-Gynt-Inszenierung. Hinter Skaidi geht es zwar nicht hart, aber kontinuierlich bergauf. Oben angelangt, finde ich mich in weitem, hügeligem Gelände wieder. Längs der Straße und in den Senken wächst Birkenwald. Jetzt habe ich den Wind im Rücken und komme rasch vorwärts. Ich träume vor mich hin und merke kaum, wie die Zeit vergeht. Eh ich michs versehe, ist es 16 Uhr, und vor mir liegt der See Guonnajávri, wo ich mein Nachtlager aufschlagen will. Ich durchquere einen Streifen dichten Gestrüpps und taste mich dann schmatzenden Schrittes entlang des Schilfgürtels vorwärts. Schließlich finde ich, etwas erhöht neben ein paar Bäumchen, einen trockenen und ebenen Platz zum Schlafen.

Ich setze mich vors Zelt und blicke auf den stillen See hinaus. Auf dem sumpfigen Uferstreifen hüpfen zwei Bachstelzen auf und ab und wippen mit ihren Schwänzchen. Dass ich in weniger als einer Woche am Nordkap sein werde, kommt mir absolut unwirklich vor. Zwischen mir und dem 13. März liegt eine bewegte und bewegende Ewigkeit voller Herausforderungen, Erfahrungen und Überraschungen. Ich sehe an mir hinunter, dieselbe Hose, die-

Ich sehe an mir hinunter, dieselbe Hose, dieselbe Jacke wie vor 144 Tagen, aber alles ausgeblichen und zerschlissen.

selbe Jacke wie vor 144 Tagen, aber alles ausgeblichen und zerschlissen. Meine Haare hängen mir im Gesicht und mein Bart in der Tütensuppe. Unter meinen Fingernägeln klebt der Schmutz, meine Handflächen sind rau und voller Hornhaut. Meinen Gürtel muss ich zwei Löcher enger schnallen, und mein Körper fühlt sich an, als bestehe er nur noch aus Haut und Knochen mit ein paar Muskeln dazwischen.

Mein Verstand weiß, dass zwischen mir und Berlin über 3000 Kilometer liegen und dass ich seit beinah fünf Monaten unterwegs bin. Trotzdem kommt es mir vor, als sei ich gestern erst aufgebrochen, denn der Weg hat sich kaum je langwierig oder langweilig angefühlt. Die vergangenen Monate waren eine vollkommen unwirkliche Mischung aus Schneckentempo und Zeitraffer. Wie im Film – das Roadmovie meines Lebens! Über die anstrengenden und ermüdenden Phasen habe ich mich irgendwie hinweggeträumt. Dazwischen lagen unzählige intensive und unvergessliche Schlüsselszenen. ●

KANN WÄSCHE IM WINTER DRAUSSEN TROCKNEN?

Ja!

SOBALD DIE TEMPERATUREN UNTER 0°C FALLEN, GEFRIERT DAS WASSER IN DEINER KLEIDUNG, WIRD ALSO ZU EIS, UND GEHT DANACH DIREKT IN WASSERDAMPF ÜBER.

→ DAUERT ZWAR ETWAS LÄNGER BIS DIE KLEIDUNG TROCKEN IST, MACHT ABER DAFÜR WÄSCHEN BEIM ZELTEN IM WINTER MÖGLICH

ICH BIN DANN MAL WEG
TIPPS FÜR NACHHALTIGES REISEN

EIN INTERVIEW MIT MARCELLA MÜLLER | STUTTGART, 7. NOVEMBER 2018

Dieses Interview wurde von Julia Meuter geführt und auf ihrem Blog »Greenerlicious« veröffentlicht. Ihr Blog beleuchtet diverse nachhaltige Themen und stellt Menschen, Initiativen und Unternehmen vor, die versuchen, die Welt ein wenig »grüner« zu machen.

Liebe Marcella, du beschäftigst dich in ganz unterschiedlichen Bereichen mit dem Thema »nachhaltiges Reisen«. Erzähl doch noch mal genau, was du machst.

Zum einen berichte ich auf meinem Blog »Get on your way« über meine nachhaltigen Reisen. Ich beschäftige mich schon seit vielen Jahren mit Umweltthemen, lebe vegan, vermeide Müll oder kaufe secondhand. So bin ich auch auf das Thema Mobilität und nachhaltiges Reisen gekommen. Ich habe inzwischen kein eigenes Auto mehr, fahre viel Fahrrad und versuche, beim Reisen aufs Fliegen zu verzichten. Nachhaltig leben und fliegen passt einfach nicht zusammen. Auf meinem Blog möchte ich zeigen, wie spannend es ist, mit dem Zug Europa zu erkunden, und hoffe dadurch, andere zu inspirieren. Zum anderen arbeite ich beim fairkehr Verlag in Bonn und arbeite dort in zwei Projekten zum Thema nachhaltiges Reisen: das Reisemagazin »Anderswo« und das Projekt »Katzensprung«.

Erzähl doch noch mal mehr über die beiden Projekte.

»Anderswo« gibt es schon seit über 25 Jahren und ist das einzige deutschsprachige Magazin, das über nachhaltige Reiseangebote berichtet. Wir stellen europäische Reiseziele, die man ohne Flugzeug erreicht, sowie nachhaltige Unterkünfte und Reiseanbieter vor. Damit wollen wir mehr Menschen inspirieren, diese spannende Art des Reisens auch für sich zu entdecken. Das Projekt »Katzensprung« gibt es seit letztem Jahr und wird vom Bundesumweltministerium gefördert. Vor allem junge Menschen möchten oft gerne klimaschonend Urlaub machen. Viele wissen aber nicht, dass es in Deutschland tolle Urlaubsangebote gibt. Stattdessen steigen sie in den Flieger und suchen Abenteuer weit weg. Wir haben deutsche Reiseanbieter dazu aufgerufen, ihre spannendsten Reiseerlebnisse oder Angebote innerhalb Deutschlands einzureichen. Von über 100 Bewerbungen haben wir die 50 spannendsten ausgewählt und werden sie nach und nach auf unserer Webseite vorstellen.

Was sind deine Tipps, um nachhaltig zu reisen?

Da die An- und Abreise 75 Prozent des gesamten CO_2-Ausstoßes einer Reise ausmachen, ist die größte Stellschraube, um klimaschonend zu reisen, nicht oder so wenig wie möglich zu fliegen und nicht immer so weit weg. Außerdem ist es wichtig, vor Ort regionale Anbieter zu unterstützen anstatt bei den großen Reiseanbietern zu buchen. Davon haben die Leute in der Region nämlich meist kaum etwas. Natürlich sollte man respektvoll mit den Menschen und der Natur vor Ort umgehen. Gerade in Gebieten, in denen Wasser knapp ist, sollte man auch darauf achten, Wasser zu sparen. Am besten sollte man zudem Unternehmen und Unterkünfte unterstützen, die nachhaltig handeln. Denn sie können oft ein Motor für die gesamte

Region sein, weil diese sich dann insgesamt nachhaltiger aufstellt.

Ich habe das Gefühl, dass immer mehr geflogen wird und die Zahl der Flüge steigt. Stimmt das?

Ja, das stimmt, vor allem die Deutschen fliegen immer mehr. Die Universität von Sydney hat vor kurzem eine Studie veröffentlicht, in der rausgefunden wurde, dass die Deutschen inzwischen zu den Reiseweltmeistern gehören und in dem Bereich am meisten CO_2 ausstoßen. Mittlerweile trägt der weltweite Tourismus zu acht Prozent der gesamten Treibhausgas-Emissionen bei. Der größte Teil hiervon geht auf Flüge zurück. Ein Flug nach New York und zurück stößt zum Beispiel so viel CO_2 aus wie ein Jahr lang Auto fahren. Bei einem Flug nach Indien verbrauchen wir in etwa so viel CO_2 wie ein Inder durchschnittlich in drei Jahren.

Was hältst du von Unternehmen, wie zum Beispiel Atmosfair, bei denen man seinen CO_2-Ausstoß ausgleichen kann?

Ich sehe das eher kritisch und als Notlösung, wenn sich ein Flug gar nicht vermeiden lässt. Allerdings finde ich es problematisch, wenn damit das Gewissen beruhigt wird und man als Konsequenz nicht weniger fliegt. Letztendlich ist es ja so, dass der Klimaschaden erst mal angerichtet ist, wenn man geflogen ist. Dadurch ist der CO_2-Ausgleich meiner Meinung nach keine massentaugliche Lösung. Wenn alle weiterhin fliegen, kann das irgendwann nicht mehr kompensiert werden. Die einzige Lösung ist daher, weniger zu fliegen.

Gibt es auch Lösungsansätze, um Fliegen grüner zu machen?

Ja, es gibt zum Beispiele Ansätze, Solarflugzeuge zu entwickeln. Das ist aber alles noch in weiter Ferne und auch schwer umsetzbar. Fliegen verbraucht einfach so viel Energie, dass das solarbetrieben kaum machbar ist. Ich glaube, wichtiger ist es, Flugreisen teurer zu machen und gleichzeitig das europäische Schienennetz weiter auszubauen, um Zugreisen attraktiver zu machen.

Die Bahn wird ja oft als die nachhaltigste Form des Reisens empfohlen. Kann man das wirklich so pauschal sagen?

Es gibt Berechnungen vom Umweltbundesamt, die ergeben haben, dass der ökologische Fußabdruck der Bahn gegenüber anderen Verkehrsmitteln deutlich am besten ist. Es gibt auch Berechnungen, in denen der Reisebus ein bisschen besser als die Bahn abschneidet. Das bezieht sich dann allerdings auf die Reisebusse, die wirklich gut besetzt sind. Bei Fernbussen, die nach Fahrplan fahren und dann oft nur halb oder noch weniger besetzt sind, ist das wieder anders. Je mehr Menschen im Auto oder im Bus sitzen, desto besser ist natürlich die Bilanz. Bei beiden hat man aber trotzdem das Problem, dass sie in den Städten die Straßen blockieren und Abgase ausstoßen. Das macht die Bahn nicht. Die Deutsche Bahn möchte übrigens bis 2050 komplett auf Ökostrom umsteigen, momentan liegt das bei etwa 40 Prozent.

Hast du das Gefühl, dass sich mehr und mehr Leute für nachhaltiges Reisen interessieren, oder sind andere Aspekte, wie der Preis, doch wichtiger?

Da gehen Wunsch und Realität ein bisschen auseinander. Laut einer Studie des Bundesumweltministeriums wollen über 60 Prozent der Deutschen gerne klimaschonend reisen. Aber die Realität sieht dann doch anders aus. Wir fliegen immer mehr und immer weiter weg. Das liegt sicherlich auch daran, dass viele die tollen Angebote, die es in der Nähe gibt, nicht kennen. Hier setzen wir mit »Anderswo« und »Katzensprung« ja an. Andere größere Medien greifen das Thema mittlerweile auch auf und berichten darüber, wie schädlich Flugreisen sind. Die Frage ist aber, wie viel dann letztendlich bei der Bevölkerung ankommt.

Welche Veränderungen wünschst du dir von der Politik, der Wirtschaft, aber auch von der Gesellschaft im Allgemeinen?

Der ökologische Schaden, den man anrichtet, sollte mit eingepreist werden. Es ist ein Skandal, dass Kerosin noch steuerfrei ist und Flüge oft billiger als Bahnreisen sind. Das muss sich ändern. Gleichzeitig sollte das europäische Schienennetz weiter gefördert werden. Eine Studie von einem internationalen Bahnverband hat gezeigt, dass es mit dem jetzigen Schienennetz und mit modernen Hochgeschwindigkeitszügen möglich wäre, in einer Nacht 2000 Kilometer in Europa zurückzulegen. Das wird aber eben nicht angeboten. Die Deutsche Bahn hat ja sogar ihren Nachtzugverkehr eingestellt. Ein weiteres großes Problem ist, dass Bahnanbieter an den Betreiber des Schienennetzes große Abgaben machen müssen. An solchen Regelungen müsste sich dringend etwas ändern. Wir sollten zudem mehr Bewusstsein entwickeln, was so ein Flug eigentlich anrichtet. In den letzten Jahren ist Reisen ja fast so eine Art Statussymbol geworden. Je weiter weg, desto interessanter und besser. Wir sollten wieder viel mehr das Erlebnis in den Mittelpunkt stellen und achtsamer reisen.

Was ist dein liebstes Reiseziel?

Ich reise am liebsten an einen kleinen Ort an der Costa Dorada in Spanien. Meine Großeltern sind vor 50 Jahren das erste Mal und seitdem jedes Jahr dorthin gereist. Meine Mutter hat dort als Kind gespielt und ich später auch. Mittlerweile fahre ich jedes Jahr wieder hin. In diesem Herbst lege ich die Strecke zum ersten Mal mit dem Zug zurück. Das dauert zwar fast einen ganzen Tag, aber die Strecke soll sehr schön sein. Ich finde, das Besondere am Zugreisen ist ja, dass es nicht nur darum geht, von A nach B zu kommen, sondern es ist ein Erlebnis und schon Teil des Urlaubs.

Was möchtest du denjenigen, die jetzt Lust haben, auch mal nachhaltig zu reisen, mit auf den Weg geben?

Nachhaltiges Reisen braucht sicherlich mehr Zeit. Ich sehe das aber ganzheitlich: Sowohl beim Reisen als auch im täglichen Leben sollten wir uns mehr Zeit nehmen. Außerdem möchte ich dazu anregen, öfter auch mal vor der eigenen Haustür zu schauen. In Deutschland gibt es insgesamt 105 Naturparks. Das heißt, jeder hat einen vor der Haustür. Wenn man immer mal wieder kleinere Auszeiten nimmt und die Natur erlebt, dann muss man auch nicht das ganze Jahr über auf diese eine Fernreise hinfiebern. Wenn man im Alltag schon viel mehr Entschleunigung und Entspannung erfährt, dann muss man am Ende auch nicht mehr so gehetzt reisen.

Marcella Müller schreibt auf ihrem Blog www.getonyourway.de über klimaschonendes Reisen, gesellschaftlichen Wandel und veganes Leben. Themen wie Nachhaltigkeit, Minimalismus, Konsumkritik, Menschen- und Tierrechte sowie Feminismus ergeben für sie ein großes Ganzes.

www.getonyourway.de · getonyourway_blog

get on your way

Julia Meuter ist ursprünglich aus Bonn, lebt aber heute in Berlin und arbeitet dort hauptamtlich für eine Stiftung. Als »Greenerlicious« stellt sie auf Instagram und auf dem gleichnamigen Blog grüne Initiativen und Unternehmen vor und behandelt das Thema Nachhaltigkeit.

www.greenerlicious.de · greenerlicious

DER
OSTEN
RUFT

EIN TEXT VON
JOHANNES
VON BORSTEL

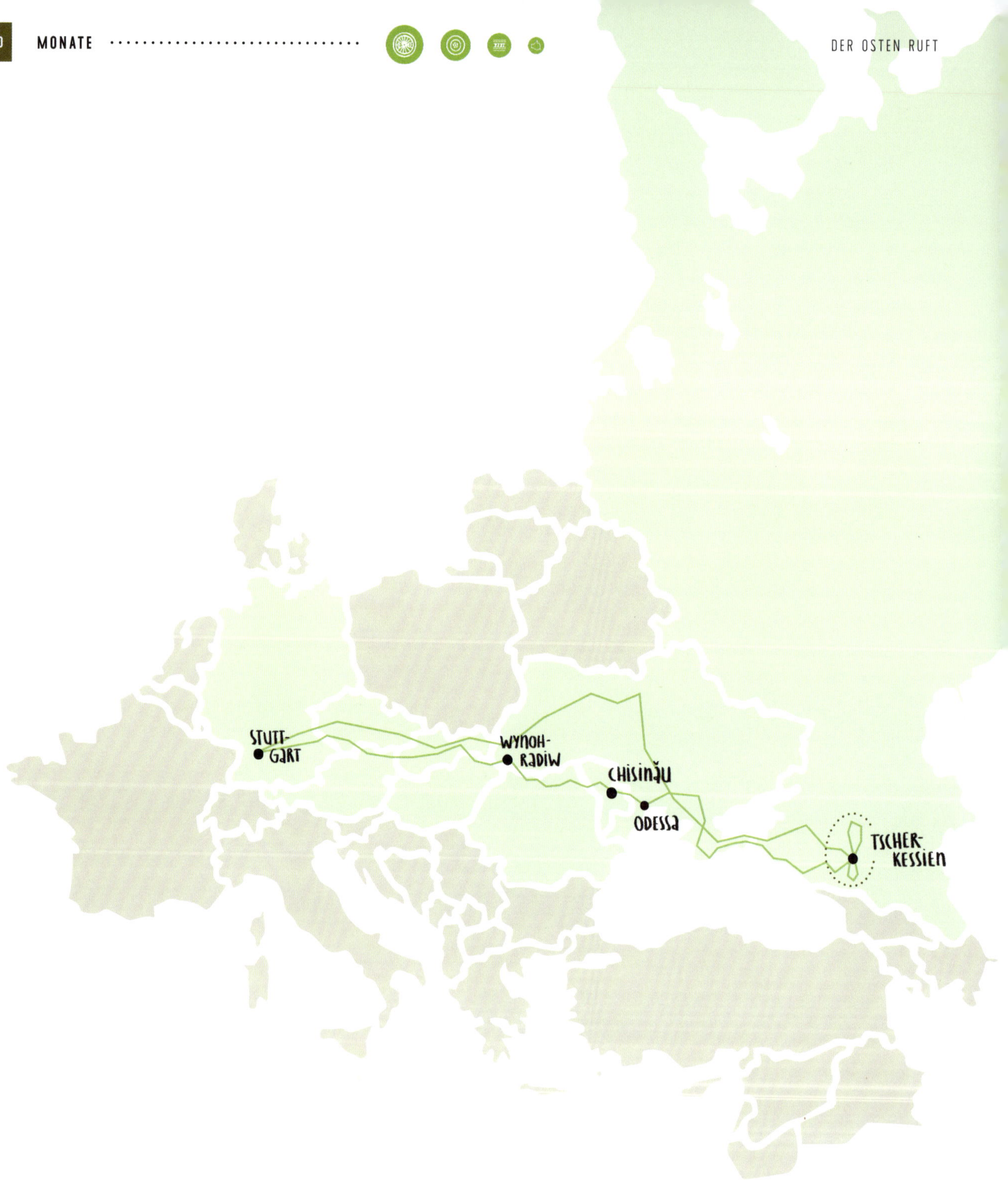

STUTT-
GART

WYNOH-
RADIW

CHISINĂU

ODESSA

TSCHER-
KESSIEN

Johannes von Borstel lebt in seiner Wahlheimat
Freiburg im Breisgau, wo er kurz vor dem Ende
des Medizinstudiums steht. Er liebt die Natur und
versucht, so viel Zeit wie möglich draußen zu verbringen. Dafür locken in Freiburg der Schwarzwald
und der Kaiserstuhl zum Wandern, Klettern, Zelten,
Kanufahren und Mountainbiken. Seitdem er dort
wohnt, hat sein Fernweh zum Glück drastisch
nachgelassen.

STRECKE 8140 **ZEITRAUM** MITTE MAI BIS MITTE JULI 2012 **FORTBE-
WEGUNG** FAHRRAD, BUS, ZUG, PER ANHALTER **REISENDE** SIMON UND
ALLEIN **BEREISTE LÄNDER** DEUTSCHLAND, TSCHECHIEN, ÖSTERREICH,
SLOWAKEI, UNGARN, UKRAINE, RUMÄNIEN, MOLDAWIEN, TRANSNIS-
TRIEN, RUSSLAND

BEI STRÖMENDEM REGEN FAHREN WIR IN WYNOHRADIW IN DER WESTUKRAINE EIN. DAS WASSER STEHT AUF DER STRASSE, WIR WOLLEN UNS ETWAS GÖNNEN. PIZZA WÄRE FEIN, VIELLEICHT EIN BIER DAZU UND EIN WARMER, TROCKENER RAUM.

INTERESSANTE RADWEGE IN EUROPA

EuroVelo 1:
Länge: 1200 km, von Roscoff in der Bretagne
bis nach Hendaye an der spanischen Grenze.
Immer entlang der Atlantikküste.

Neckartal-Radweg:
Länge: 367,3 km; von Villingen-Schwenningen
bis nach Mannheim.

Weitere europäische Radrouten unter:
www.eurovelo.com

DER OSTEN RUFT

—

Es regnet schon den ganzen Tag. Das Wasser kriecht letztendlich auch durch meine billige Regenjacke, die mein Bruder mal als Werbegeschenk bekommen hatte, und durchnässt die nächste Schicht Kleidung. Die Schlaglöcher auf der Landstraße sind schon gut zur Hälfte mit dreckig braunem Wasser gefüllt. Wir konzentrieren uns darauf, ihnen auszuweichen, denn die Landschaft hat sowieso nicht so viel zu bieten. Die letzte Kurve liegt gute zehn Kilometer zurück, und seitdem sehen wir links und rechts nur Weizenfelder. So weit das Auge reicht. Simon klagt über Durchfall mit Bauchkrämpfen und fühlt sich wortwörtlich beschissen. Wir radeln weiter, es bringt ja doch nichts, im Regen zu warten. Die Straße macht bald wieder eine Kurve und führt uns über einen Bahnübergang, der durch kyrillische Straßenschilder angekündigt wird. Ein kurzer Moment der Unkonzentriertheit und ich hänge mit meinem Vorderrad im Gleis. Gefühlt stürze ich in Zeitlupe auf die rechte Seite, das Gewicht der Packtaschen auf dem Fahrrad drückt auf mein Knie, mit meinen Händen kann ich mich abstützen, ramme mir dabei jedoch ein paar Steine in die Handfläche. Wir säubern die Wunde, entfernen die Steine und fahren weiter. Glück

gehabt, denke ich noch. In den nächsten Stunden merke ich jedoch, dass sich mein Knie komisch anfühlt. Ein paar Stunden später stelle ich eine eindeutige Schwellung fest und Schmerzen vor allem beim Gehen.

Bei strömendem Regen fahren wir in Wynohradiw in der Westukraine ein. Das Wasser steht auf der Straße, wir wollen uns etwas gönnen. Pizza wäre fein, vielleicht ein Bier dazu und ein warmer, trockener Raum. Wir betreten eine Gaststätte, hängen die tropfenden Klamotten über die Stühle und setzen uns in den menschenleeren Raum. Irgendwie sind wir heute mit dem falschen Fuß aufgestanden, und so schnell soll es wohl auch nicht besser werden. Das, was die Kellnerin in diesem ukrainischen Restaurant uns bringt, sieht einer Pizza optisch zwar ähnlich, hat in Wahrheit aber nichts damit zu tun. Der Teig erinnert mehr an einen alten Kuchenteig, welcher durch die Erbsen aus der Dose nicht gerade besser wurde. Statt Käse hat die Kellnerin ein Schachbrettmuster aus Mayonnaise auf die »Pizza« gezaubert. Simon mutmaßt, dass sie noch nie eine echte Pizza gegessen haben und versuchen, sie rein optisch nachzuempfinden. Laut dröhnen ukrainische Charts aus den Boxen, und wir müssen darüber lachen, wie einfach alles an einem Tag zusammenkommt. Zum Glück sind Tage wie dieser die Ausnahme.

Wir sind etwa vor drei Wochen in Stuttgart mit dem Fahrrad losgefahren. Ein simpler Plan: zwei Freunde, Simon und ich, eine gerade Linie nach Osten, so weit wir kommen und wollen. Dass wir das Fahrrad nehmen, stand auch schnell fest. Es ist eine schö-

ne und billige Art des Reisens. Man spürt die Strecke, die man zurücklegt, wobei es einen immer wieder überrascht, wie schnell man vorankommt, wenn man sich einmal treiben lässt. Nach einigen Tagen überquerten wir im Bayerischen Wald die deutsch-tschechische Grenze. Kurz darauf erreichten wir Niederösterreich, und ehe wir uns versahen, radelten wir durch die slowakischen Ausläufer der Karpaten. Mit der Zeit spielte sich eine gewisse Routine ein. Nach dem Aufstehen waren wir beide ruhelos und woll-

Das Land zieht an einem vorbei. Langsam genug, um auf Details achten zu können, aber schnell genug, um Abwechslung zu bieten.

ten weiter, sodass sich bald die Tradition einspielte, vor dem Frühstück bereits 20 Kilometer zu fahren. Das Land zieht an einem vorbei. Langsam genug, um auf Details achten zu können, aber schnell genug, um Abwechslung zu bieten. Hinzu kommt eine immense Befriedigung, alles mit eigener Muskelkraft zurückzulegen und nicht unseren Planeten mit noch mehr Treibhausgasen zu belasten.

Osteuropa wird gerne fälschlicherweise mit einem slawischen, postsowjetischen Einheitsbrei gleichgesetzt. Die Landschaften, durch die wir fahren, sind in keinen Reisemagazinen zu finden, und doch wartet hier eine Vielfalt an Kultur, Natur und geographischen Besonderheiten darauf, entdeckt zu werden. In den rumänischen Karpaten leben noch Bären, Wölfe und Wisente, die um Dörfchen aus kunstvoll verzierten Holzhütten streifen. Die Türrahmen sind von oben bis unten mit Schnitzereien bedeckt und geben den dunklen Balken einen märchenhaften Anschein. Die Gärten derselben Häuser würden jeden deutschen Hobbygärtner vor Neid erblassen lassen. Wie wild ranken Tomaten, Gurken, Paprika, Kohl und Brokkoli hinter alten Bretterzäunen, als würden sie ihnen entkommen wollen. Obstbäume komplettieren das Bild. Viele Menschen sind hier in den ländlichen Regionen noch Selbstversorger. In Rumänien steht vor jedem Haus eine Bank, auf der für gewöhnlich ein Mensch sitzt und tiefenentspannt den Verkehr beobachtet, vorbeifahrende Bekannte grüßt oder uns Unbekannten winkt. Kristallklare Bergbäche fließen die bewaldeten Täler hinunter, in dessen Ausläufern die Menschen das Heu zum Trocknen auf riesige Holzgestelle auftürmen. Es ist friedlich und wunderschön.

In Odessa sah ich zum ersten Mal das Schwarze Meer. Ich hatte einen Spurt von Chisinau, der Hauptstadt Moldawiens, über das kleine Transnistrien eingelegt, um schnell dort anzukommen. Seit der moldawischen Grenze war ich allein unterwegs, da Simon ein Ferienjob zurück nach Deutschland rief. Meine Couchsurfer Nastja und Sasha hießen mich sehr herzlich willkommen und zeigten mir in den nächsten Tagen die charmantesten Seiten der Stadt. Sie

hat einen mediterranen Charme. Alte Fassaden, bei denen der Putz schon leicht bröckelt, umgeben schattige, ruhige Innenhöfe, kleine Oasen in der Hektik der Stadt und das türkisblaue »Schwarze« Meer ist von überall leicht zu erreichen. Die goldenen Zwiebeltürme der orthodoxen Kirchen ragen genau wie die ganzen alten Leninstatuen in den Himmel. Die alte Hafenstadt hat es mir angetan, gerne würde ich wieder dorthin fahren.

Auf der Krim, die 2012 noch zur Ukraine gehörte, überraschen kleine Buchten mit türkisblauem Wasser, wilden Delfinen und ein majestätischer Bergkamm, der sich an der Südküste entlangzieht und von einem Pinienwald bedeckt ist. Im Hinterland gibt es kleine Dörfer, in denen man die typischen sowjetischen Plattenbauten sieht, welche hier auf dem Land jedoch irgendwie fehlplatziert wirken. Die Bauern, die hierhergesiedelt wurden, haben nicht aufgehört, das Land zu bearbeiten. Kleine, abwechslungsreiche Gärten umgeben diese Gebäude. Es gibt hier aber auch jahrhundertealte Moscheen, und der Muezzin ruft mehrfach täglich. Die Krim-Tataren sind ein fester Bestandteil der Bevölkerung und behalten ihre Kultur seit dem Errichten des Krim-Khanats im 13. Jahrhundert bei. Alte Festungen der Genuesen wie die Burg Sudak thronen auf imposanten Felsen und lassen einen die Macht dieser mittelalterlichen Händler erahnen. Dies ist nur ein kleiner Blick in die reiche Geschichte dieser Gegend, die durch die Annexion Russlands 2014 einen ganz aktuellen Wendepunkt erfuhr.

Natürlich ist ein Monat eine lange Zeit, um nach Russland zu kommen. Mit dem Flugzeug hätte es bestimmt nur fünf Stunden gedauert, aber so ausgelutscht es klingen mag, der Weg ist nach wie vor das Ziel. Nachhaltiges Reisen ist langsamer. Es entschleunigt. Ferne Ziele erhalten eine besondere Magie, da es schwieriger ist, sie zu erreichen. Man reist bewusster, saugt alles auf. In Zeiten von Instagram-Travellern, die am Montag auf Bali surfen, dienstags im Great Barrier Reef tauchen, um Donnerstag nach Neuseeland zu fliegen, ist es umso wichtiger, den wahren Geist des Reisens beizubehalten. Es ist nicht so wichtig, an welchen Orten du gewesen bist. Viel wichtiger ist es, ob du etwas erlebt hast, Menschen und Kulturen kennengelernt hast und einmal aus deiner Komfortzone gekommen bist. Dafür muss man nicht nach Südostasien fliegen. Unser Planet verändert sich. Distanzen werden vermeintlich kürzer, Flüge billiger und ferne Länder erschlossener. Doch der Schein trügt. Dieser Luxus hat einen Preis, den andere Erdenbürger erst in der Zukunft zahlen müssen. Da eine CO_2-Steuer noch in unerreichbarer Ferne liegt, ist es allein unsere Entscheidung, ob wir unsere Gewohnheiten hinterfragen und vielleicht umstellen.

Ich blicke durch die Zielvorrichtung eines russischen Dragunov-Scharfschützengewehrs. Ein winziges weißes Viereck ist am gegenüberliegenden Grashügel zu erkennen. Ich atme aus. Langsam krümmt sich mein Finger und zieht am Abzug. Bumm. Ein heftiger Knall schallt durch die hügelige Graslandschaft. Ob ich die Zielscheibe in etwa 150 Metern Entfernung getroffen habe, weiß ich noch nicht. Ich befinde mich im Hinterland der Kaukasusrepublik Tscherkessien. Meine Gastgeber Sergey und sein Vater sind hierhergefahren, um mit mir schießen zu üben. Die letzte Woche habe ich mit ihrer Familie verbracht und sie alle kennen- und schätzen gelernt. Ich werde behandelt wie ein weiterer Sohn der Familie. Alle kümmern sich, sind interessiert und wollen mir möglichst viel von ihrer Gegend zeigen. Sergey hat mich bereits mit in den Kaukasus genommen. Mir war nicht klar, wie schön und wild die höchsten Berge des geographischen Europas sind. Sie kennzeichnen hier die Grenze unseres Kontinents. Im Süden liegt Georgien, welches eigentlich schon zu Asien gehört. Sergey und seine Familie sind nur ein kleiner Teil dieser Reise gewesen, und doch verdanke ich ihnen viel. So nah an Land und Leuten zu sein ist der Grund, weswegen ich hier bin.

Dies ist der östlichste Punkt meiner Reise. Der Heimweg per Anhalter, Zug und Bus bis nach Stuttgart steht an. Auf dem langen Rückweg gibt es viel Zeit, Erlebtes zu verarbeiten, neue Pläne zu schmieden und mit guter Musik auf den Ohren aus dem Fenster zu schauen und sich ganz der Nostalgie hinzugeben. ●

Alte Fassaden, bei denen der Putz schon leicht bröckelt, umgeben schattige, ruhige Innenhöfe, kleine Oasen in der Hektik der Stadt ...

WARMSHOWERS

Ähnlich wie Couchsurfing funktioniert die Plattform »Warmshowers«, nur dass sie auf die Vernetzung von Radreisenden spezialisiert ist. Wer auf zwei Rädern unterwegs ist und sich nach Bett und heißer Dusche sehnt, kann auch hier andere Nutzer*innen kontaktieren, die praktischerweise als Punkte auf einer Weltkarte zu sehen sind. Über den gemeinsamen Nenner des Radelns ergeben sich fast immer spannende Begegnungen, und die Reisenden müssen kein Unverständnis über verschwitzte Klamotten und haufenweise Ausrüstung fürchten. Nicht selten endet der Besuch dann bei einem Festmahl, bei dem das tagelange Essen vom Campingkocher kompensiert wird und Abenteurgeschichten ausgetauscht werden. Vorsicht beim Gastgeben – das Fernweh folgt garantiert, sobald die Gäste weiterziehen! Die Plattform ist zwar noch nicht ganz ausgereift und funktioniert auf Spendenbasis, hat dafür aber eine umso lebendigere und herzlichere Community.

INTERESSANTE APPS FÜR RADREISENDE: Panobike+, Maps Me, LocusMaps (nur für Android)

24 STUNDEN REISELEBEN 27. OKTOBER 2017

Felicia »Fee« Uhlig lebt zurzeit in Berlin. Dort düst sie viel mit dem Fahrrad durch den Wedding und den Prenzlauer Berg und schaut nach dem Befinden von Un- und Neugeborenen, Schwangeren und Müttern. Viel Zeit verbringt sie außerdem in einem tollen Hinterhaus, das sie mit circa 30 bis 40 kleineren und größeren Menschen bewohnt.

STRECKE 12 460 KM **ZEITRAUM** SEPTEMBER 2017 BIS APRIL 2018 **FORTBEWEGUNG** PER ANHALTER, BUS, ZUG, FAHRE **REISENDE** FEE UND SANDRO **BEREISTE LÄNDER** DEUTSCHLAND, ÖSTERREICH, SCHWEIZ, ITALIEN, SLOWENIEN, KROATIEN, BOSNIEN UND HERZEGOWINA, MONTENEGRO, ALBANIEN, MAZEDONIEN, SERBIEN, BULGARIEN, GRIECHENLAND, TÜRKEI, GEORGIEN

ca. 9 UHR

Wir packen zusammen. Nach einigen Überlegungen darüber, wie wir uns heute fortbewegen wollen, machen wir uns laufend auf den Weg Richtung Albanien.

① Wir wachen am See auf. Die Freude darüber, dass die Sonne scheint und es laaaangsam wärmer wird, ist groß ... hmm ... noch mal ein Stündchen entspannt schlafen ...

② Frühstück.
Haferflocken, 1 Apfel, 1 Karotte, Wasser

③ ④ Allerdings nicht allzu lange. Während der Pinkelpause kann man ja ein bisschen trampen und sehen, was passiert. Hat allerdings das Risiko, dass man nicht zum Pinkeln kommt. Zum Glück sind unsere Blasen gut trainiert und halten die nächsten 15 Kilometer im Auto locker dicht.

Zum Abschied bekommen wir 2 Liter selbst gebrannten Rakia geschenkt. Mit mehr Alkohol als Wasser im Gepäck kann ja nichts schiefgehen.

Rakia

⑤ ⑥ Nächste Entscheidung fällig: Wollen wir am See bleiben oder in den Nationalpark Galicica? Unsere Mitfahrgelegenheit empfiehlt, am See zu bleiben. Der Nationalpark sei zwar ganz nett, aber es ist viiiiel zu kalt, und außerdem kann man sich den Blick auf zwei Seen, die sehr viele Höhenmeter unter einem liegen, auch auf Google Maps angucken. Klar! Da es natürlich immer reizvoll ist, genau das zu tun, was einem nicht geraten wird, noch dazu mit dieser Erklärung, ist die Entscheidung schon recht schnell klar.

⑦

Am Straßenrand finden wir eine abgeranzte, halb verblichene Karte des Nationalparks. Die Chancen sind gut, dass es auf halber Strecke eine Schutzhütte gibt. Der Sonnenstand sagt zwar, schon wieder circa früher Nachmittag, aber egal. Wir ziehen los!

Ob wir auf dem Weg sind, den wir auf der Karte entziffern konnten, wissen wir nicht. Unser Gefühl sagt, ein bisschen weiter nach rechts wäre ganz gut. Also beschließen wir, schon direkt am Anfang querfeldein zu laufen. Die Erfahrung sagt, früher oder später werden wir den Weg eh verlassen, also können wir das auch gleich tun.

⑧

⑨

Nach noch nicht allzu vielen Höhenmetern durch den schönen, nach meinem Geschmack etwas sehr dichten Wald gedenken wir, eine kurze Raucherpause zu machen.

Nachdem wir in den letzten Wochen magisch Feuerzeuge angezogen haben, ist jetzt kein einziges auffindbar. KEINES!

⑪

⑫

Nach einer gemütlichen mittellangen Zeitspanne geht's weiter. Und plötzlich wird der Wald wieder lichter, und wir finden einen Trampelpfad.

Hat den Vorteil, dass wir unser Gepäck einmal komplett auseinanderbauen, einiges finden, was wir schon lange nicht mehr gesucht haben ...

⑩

... und schlussendlich auch ein Feuerzeug, eingewickelt in unserer Plane, fürs nächtliche Schlafquartier.

⑬

⑭ Ein kurzes Vergnügen – leider endet dieser auf einer Straße. Was auch immer eine asphaltierte Straße im Nationalpark macht.

Querfeldein sieht zwar einladend aus, aber ziemlich steil und eher nach Kletter-/Rutschpartie als Wanderspaß.

(16)

Wir haben keine Lust auf Asphalt und entscheiden uns, wieder zu trampen.

(15)

(19)

Die Hütte ist großartig, mit Ofen und allem Drum und Dran.

(18)

Unsere Gesellschaft, bestehend aus Mazedoniern und Albanern, ist arbeitswütig und trinkfreudig, und trotz teilweise großer Sprachbarrieren können wir einiges über die Menschen hier erfahren.

Auto vier nimmt uns mit. Dimitri und Boris kennen sich aus und sind auch auf dem Weg zur Hütte. Heißt also, es gibt eine. Allerdings sind die zwei nicht nur zum Spaß da, sondern mit einigen anderen, um zu arbeiten. Die Hütte soll winterfest werden. Wir dürfen trotzdem mit, es ist allerdings noch unklar, ob es drinnen einen Schlafplatz für uns gibt.

(17)

(21)

(20)

Weintrinkend spazieren wir abends in Richtung Sonnenuntergang.

Was wir erleben, ist Kitsch pur. Ein See, viele Höhenmeter unter uns, die verblauenden Bergspitzen im Grenzgebiet von Mazedonien und Albanien und die verrücktesten Farben am Himmel. Ganz schön kalt und windig ist es, und ich hoffe heimlich, dass wir die Nacht *in* der Hütte verbringen können.

(22) Zurück bei der Hütte ist schon Feuer gemacht, und juhuuu, meine Wünsche wurden erhört, und es gibt Platz für uns im Schlafsaal.

(23) Sogar Strom gibt es, was bedeutet, dass man nicht gezwungen ist, schon um neun Uhr schlafen zu gehen, weil es kalt und dunkel ist, sondern bis tief in die Nacht diskutieren kann.

(24) Sandro nimmt den Kampf mit dem Rakia auf. Und scheitert.

(25) Die Nacht ist wunderbar erholsam.

(26) Und der morgendliche Blick aus dem Fenster total abgefahren. Ich kann es erst nicht glauben und muss herzlich lachen. Da liegt tatsächlich Schnee ... und davon ganz schön viel!

(27)

Gut, dass unser einziger Plan war, den Winter zu umgehen.

ENDE

LINKS!!!
BLUB GLÜCK
RECHTS!!!

P.S.: Die Winter-Wonderland-Wanderung zum Magaro-Gipfel auf 2255 Höhenmetern lässt sich nur schwer mit Google nachempfinden. Die Glücksgefühle, die die verrückten Wolkenspiele auf dem Gipfel auslösten, und der abgefahrene Blick auf die Seen rechts und links auf etwa 700 Metern, auch nicht. Kalt war's ... stimmt. Und windig, sehr windig. Aber sowas von fantastisch!

NACHHALTIG UND PLASTIKFREI UNTERWEGS
HYGIENE

NATRON:

Natron, auch Natriumhydrogencarbonat, ist ein Natriumsalz der Kohlensäure und gehört zu den Grundchemikalien unserer Industrie. Es ist in diversen Haushaltsprodukten, wie Backpulver, Zahnpasta, Putzmitteln und so weiter, enthalten, essbar und daher ökologisch unbedenklich.

Idealer Reisebegleiter:
> du brauchst sehr wenig davon
> es ist superleicht
> vielseitig einsetzbar
> man bekommt es weltweit

>> du sparst Verpackungsmüll!

Vorsicht:

Du solltest unbedingt darauf achten, dass du immer Natronsalz verwendest und niemals Natronlauge (Waschsoda). Dieses ist nämlich nur zum Waschen geeignet, nicht für den Verzehr!

HAUTCREME

FALLS DU HAUTCREME BENÖTIGST UND IN REGIONEN UNTERWEGS BIST, WO ES KOKOSPALMEN GIBT, VERWENDE DOCH EINFACH BIO-KOKOSÖL!

ZAHNPULVER

REZEPT:
· EIN PAAR EL NATRON
· ETWAS MINZPULVER
  → FÜR DIE FRISCHE
· OPTIONAL: ETWAS INGWERPULVER
  → ENTZÜNDUNGS-HEMMEND

⇨ ALLES IN EINEM KLEINEN GLAS MISCHEN UND DANN ENTWEDER DIE NASSEN ZAHNBÜRSTEN EINTAUCHEN ODER DAS PULVER AUF DIESE STREUEN

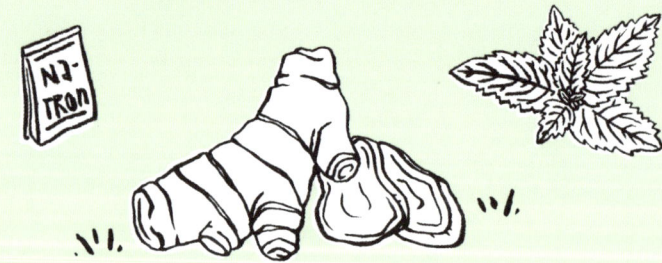

WÄSCHE & KÖRPER WASCHEN

→ MIT OLIVENÖLSEIFE

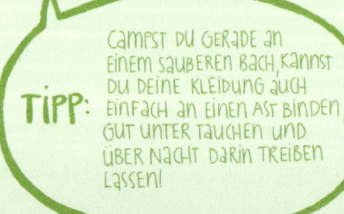

TIPP: CAMPST DU GERADE AN EINEM SAUBEREN BACH, KANNST DU DEINE KLEIDUNG AUCH EINFACH AN EINEN AST BINDEN, GUT UNTER TAUCHEN UND ÜBER NACHT DARIN TREIBEN LASSEN!

SCHLUSS MIT EINWEGRASIERERN!

Falls du auf Reisen trotzdem zum Rasierer greifen magst, verwende anstatt Einwegrasierern aus Plastik doch einfach sogenannte Rasierhobel. Sie sind plastikfrei und die Klingen immer wieder nachkaufbar.

DEO

DU KANNST EIN DEO GANZ EINFACH MIT NATRON HERSTELLEN

REZEPT:

- ca. 1-2 TL NATRON
- 100 ml WASSER
- 2 TROPFEN ÄTHERISCHES ÖL (SALBEIÖL → WIRKT SCHWEISS-HEMMEND)

⇨ ALLES IN EINE SPRÜH-FLASCHE ODER EINEN DEOROLLER FÜLLEN UND GUT UMRÜHREN

VORSICHT, KLOPAPIER!

Wenn man in der Wildnis campt, wird zurückgelassenes Klopapier schnell zum Umweltverschmutzer!

Ein Inder hat mal gesagt:
Wenn du Kacke an deinen Händen hast, dann wäschst du sie mit Wasser ab, um sie zu reinigen. Warum solltest du das mit deinem Po anders machen?

> Vielleicht wird dies ja deine neue Art zu campen?! ;)

PLUSPUNKT: OFT SIND SIE SOGAR OHNE VERPACKUNG ERHÄLTLICH!

OLIVENÖLSEIFE: Olivenölseifen sind rein pflanzlich, hautverträglich, rückfettend und mild pflegend. Falls sie zusätzlich noch Lorbeeröl enthalten, sind sie sogar noch antiseptisch.

Vorsicht: Immer darauf achten, dass du Olivenöl-seifen kaufst, die kein Palmöl enthalten!

- MIT OLIVENÖLSEIFE ODER ANDEREN HAARSEIFEN
  → DAS FESTE STÜCK SEIFE DIREKT AUF DER KOPFHAUT VERREIBEN UND DANACH GANZ NORMAL DIE HAARE MIT WASSER AUSWASCHEN

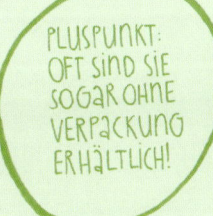

HAARE WASCHEN

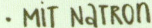

ACHTUNG: HAARLÄNGEN AUSSPAREN → NATRON TROCKNET AUS UND RAUT AUF!

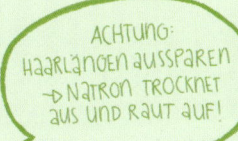

- MIT NATRON
  → 1-2 EL NATRON IN ETWAS WASSER VERDÜNNEN, MIT DER HAND AUF DIE KOPFHAUT AUFTRAGEN UND EINMASSIEREN

- NUR MIT WASSER
  → NACH EINER KURZEN EINGEWÖHNUNGSPHASE GEWÖHNEN SICH DEINE HAARE DARAN UND WERDEN SELTENER FETTIG

DER KODEX EINER WELTREISE

TEXT UND FOTOGRAFIEN
VON VIVIANE MEYER UND
STEFFEN MITCHELL

Viviane und Steffen sind momentan zusammen als »Leaf and Sea« auf Weltreise.

Viviane Meyer war, bevor es auf die große Weltreise ging, Campaignerin bei einer Naturschutzstiftung, hat sich für die rumänischen Urwälder und eine Saline in Montenegro eingesetzt. Sie liebt die Natur und vor allem Wälder, deswegen auch das »Leaf« im Namen.

Steffen Mitchell hat zuvor am Bodensee gelebt und als Prozessingenieur bei einen Aluminiumkonzern gearbeitet. Er liebt die Meere und die Unterwasserwelt, deshalb auch das »Sea« im Namen.

www.leafandsea.net

🅕 Leaf and Sea

🅞 leafandsea

STRECKE 16 000 KM **ZEITRAUM** JUNI 2018 BIS VORAUSSICHTLICH JUNI 2020 **FORTBEWEGUNG** FAHRRAD, PER ANHALTER, BUS, ZUG, FÄHRE, SCHIFFE **REISENDE** VIVIANE UND STEFFEN **BEREISTE LÄNDER** DEUTSCHLAND, ÖSTERREICH, SLOWAKEI, UNGARN, SLOWENIEN, KROATIEN, SERBIEN, RUMÄNIEN, MAZEDONIEN, ALBANIEN, MONTENEGRO, GRIECHENLAND, TÜRKEI, GEORGIEN

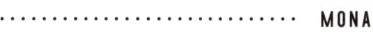

ES IST HEISS, DIE SONNE KNALLT AUF MICH RUNTER, UND ICH SCHWITZE. DOCH ICH LIEGE NICHT IRGENDWO AN EINEM STRAND AUF EINER KARIBISCHEN INSEL UND BRÄUNE MICH. NEIN, ICH TRETE IN DIE PEDALE MEINES TREKKINGBIKES.

DER KODEX EINER WELT- REISE

UNSER KODEX FÜR NACHHALTIGES REISEN:

#1 OHNE FLUGZEUG
+ UND OHNE EIGENES MOTORISIERTES GEFÄHRT

#2 LANGSAM REISEN

#3 SECOND-HAND
KLEIDUNG + EQUIPMENT

#4 ESSEN: VEGETARISCH, REGIONAL, SAISONAL UND BIOLOGISCH

#5 RESPEKT VOR KULTUR + MENSCH

#6 RESPEKT VOR NATUR

#7 KONTAKT HALTEN
zu neuen Freunden

#8 PRIVATE ÜBERNACHTUNGEN

OBEN IM THETH-VALBONA-NATIONALPARK IN ALBANIEN
UNTEN IM LUKAVICA-GEBIRGE IN MONTENEGRO

Als wir im Frühjahr 2018 Freunden und Bekannten von unseren Reiseplanungen erzählten, reagierten manche ziemlich schockiert: »Ohne Flugzeug um die Welt? Verrückt!«, »Ihr wollt bei Leuten übernachten, die ihr noch nicht einmal kennt? Wie unvernünftig!«, »Und das ist doch alles richtig teuer! Ihr müsst ja reich sein!«

Uiuiui, so viele Vorurteile, doch lasst euch sagen: Unser Projekt »Leaf and Sea«, eine nachhaltige Weltreise, funktioniert bisher echt gut. Seit dem 1. Juni 2018 sind wir mit einer großen Portion Mut von Deutschland aus Richtung Osten unterwegs. Dabei möchten wir möglichst nachhaltig reisen. Doch was heißt das überhaupt? Da es keine offizielle Definition gibt, haben wir einfach selbst einen Kodex erstellt. Dieser umfasst acht Punkte und ist nur ein Vorgeschmack auf unsere Art, zu reisen: Als Erstes möchten wir ohne Flugzeug und eigenes motorisiertes Gefährt reisen [#1]. Im Zeitraum von Juni bis Dezember 2018 haben wir circa 3800 Kilometer mit dem Rad, 1800 mit dem Bus, 90 mit dem Zug, 1100 per Anhalter und einige Dutzend Kilometer zu Fuß hinter uns gebracht. Wir reisen also auch langsam [#2]. Das liegt unter anderem daran, dass wir uns bei Projekten engagieren. Bisher haben wir eine Naturschutzstiftung, einen Verein zum Schutz einer Saline in Montenegro und eine offene Werkstatt für Geflüchtete in Griechenland unterstützt.

Da wir unser gesamtes Equipment schleppen müssen, ist es möglichst leicht und im besten Fall aus zweiter Hand [#3]. Reisen ist anstrengend, deswegen benötigen wir viel Essen. Das soll aber kein Fastfood-Fraß sein, sondern vegetarisch und am besten lokal, saisonal und bio [#4]. Da wir als Reisende »die deutsche Kultur« repräsentieren und somit eine große Verantwortung haben, zeigen wir, dass wir Respekt vor Kultur, Mensch [#5] und Natur

COUCHSURFING

Schlafcouch und direkter Kontakt mit Locals statt Hotelurlaub — Couchsurfing ist die weltweit größte Plattform zur Vermittlung kostenloser Gastfreundschaft. Per App oder Webseite kann man in kürzester Zeit andere Nutzer*innen kontaktieren, die sich nach ihrem Wohnort sortieren lassen. Dann kann man im Chat vereinbaren, ob sich ein Platz auf der Couch findet, und so kommerzielles und unpersönliches Reisen umgehen. Meistens bedeutet das einen mehrtägigen Aufenthalt in einem Privathaushalt und intime Einblicke in andere Kulturen. Außerdem gibt es in der großen Community auch viele Gruppen und in populären Reisezielen regelmäßige Treffen, die sich gerade für Alleinreisende lohnen, um Gleichgesinnten zu begegnen. Man kann durch Couchsurfing leicht eine kostenlose Unterkunft finden, sollte aber auch Offenheit und Interesse für die Gegenüber mitbringen, denn gerade dann entstehen die schönsten Bekanntschaften.

OBEN IN DOLGASH IN MAZEDONIEN
UNTEN PICKNICK AN EINEM FLUSS IN UNGARN

TIPP:

WER AM SEE CAMPT, KANN SICH DAS SPÜL-MITTEL SPAREN

→ ALGEN + SAND REICHEN AUS

→ ÖKOLOGISCHER GEHT'S NICHT!

[#6] haben. Dazu zählt für uns auch, dass wir zu unseren neugewonnenen Freunden Kontakt halten [#7]. Diese lernen wir meistens bei privaten Übernachtungen [#8] kennen.

Wie man sieht, ist es nicht einfach, nachhaltiges Reisen auf einige Sätze herunterzubrechen – geschweige denn, dies in einer ansprechenden Form zu tun. Auf unserem Reiseblog möchten wir deswegen interessante Geschichten über Mensch und Natur zum Besten geben und schildern hier zwei Reiseerlebnisse.

Die Freude am Geben

Es ist heiß, die Sonne knallt auf mich herunter, und ich schwitze. Doch ich liege nicht irgendwo an einem Strand auf einer karibischen Insel und bräune mich. Nein, ich trete in die Pedale meines Trekkingbikes, und vor mir sehe ich Steffen, der das Gleiche tut [#1]. Bergauf, 35 Kilogramm Gepäck, jeweils. Irgendwo in Albanien. Warum machen wir das eigentlich? Gute Frage. Gerade finde ich keine Antwort. Also einfach weiterstrampeln.

Auf einmal höre ich Rufe, von einem Feld auf der rechten Seite. Ich verstehe den Mann leider nicht, aber er signalisiert uns, anzuhalten. Also bremsen Steffen und ich unwillig, denn wieder auf unser Grundtempo zu kommen kostet wertvolle Kraft. Der Mann eilt über seine Wiese auf uns zu. Nun verstehen wir, was er möchte: Er fängt an, Weintrauben von den Reben abzutrennen und uns diese zu geben. Nach einer kurzen Zeit fahren wir mit drei Kilogramm Trauben mehr im Gepäck weiter [#4].

Etwas später machen wir im Schatten eines Baumes Mittagspause. Die Weintrauben schmecken einfach herrlich! Da fällt mir wieder die Antwort ein!

Falls du schon langjähriger Couchsurfing-Nutzer bist und eine Alternative suchst:

Schau mal auf **bewelcome.org** vorbei! Es funktioniert ähnlich!

Falls du gerne in Städten unterwegs bist und wie die Locals durch die Straßen schlenderst, dann besuch mal diese Seite: **spottedbylocals.com**

Es gibt übrigens auch eine App!

Es sind solche Momente, in denen uns wildfremde Menschen etwas schenken, einfach so, im Vorbeifahren. Aus Freude am Geben. Genau diese spontane Gastfreundschaft ist eine der Antworten, warum wir so eine Art von Weltreise machen [#5]. Und in den drei Monaten Radreise von Deutschland nach Montenegro entlang der Donau und durch den Balkan hatten wir unzählige solcher glücklichen Momente. In Montenegro haben wir unsere Räder dann sicher verwahrt zurückgelassen und haben uns sozusagen per »Anhalter durch die Galaxis« von Albanien nach Nordgriechenland gebeamt. Dabei haben wir einige interessante Erfahrungen im »Freude- am-Geben« beim Mitfahren gemacht.

Das Öko-Sammelsurium

Es ist dunkel und kalt draußen. Schnell schließe ich die Tür hinter mir. Sofort fällt mir an der Wand die halb nackte Eva mit einem Apfel auf. Über ihr zischt verheißungsvoll die Schlange. Ich folge Orfeas die Holztreppe der Schuld-Bar in Thessaloniki, Griechenland, hinauf zu einem Couchsurfing-Treffen. Ein Weltreisender hat online ein Event erstellt, und nun sitzen wir mit 15 Interessierten aus der ganzen Welt hier und unterhalten uns über lustige, gefährliche und spannende Momente auf unseren Reisen.

Als das Thema Ausrüstung aufkommt, bin ich die Einzige mit eher unkonventionellen Geschichten, zum Beispiel der von meinem blauen Kaschmirpullover, den ich in einer Give-Box (einer Umsonstecke) in Stuttgart gefunden habe. Den muss ich nämlich nur mindestens alle drei Monate waschen, und er hat noch nie gemuffelt. Einfach ein tolles Stück [#2].

Auch unsere restliche Ausrüstung ist ein Öko-Sammelsurium: unter anderem Bambuszahnbürsten, Baumwolltaschentücher, Filmdöschen für unsere Gewürze, eine Menstruationstasse, zwei Pumpkissen von Vaude, Baumwolltragetaschen und ein Zahnseidenschal. Auf unsere Elektronikprodukte sind wir zwar nicht ganz so stolz, doch zumindest sind Laptop und Handys secondhand.

»The Germans« essen Kürbisquiche

Nach dem Treffen fahre ich mit Orfeas in seinem älteren Diesel zurück zum Apartment, wo Steffen eingemummelt vor dem Heizstrahler auf uns wartet. Orfeas ist für drei Tage unser Gastgeber bzw. unser Host [#8]. Wir haben ihn über die Plattform

Auf einmal höre ich Rufe von einem Feld auf der rechten Seite. Ich verstehe den Mann leider nicht, aber er signalisiert uns, anzuhalten.

IN CHUBERI
IN SWANETIEN,
GEORGIEN

CouchSurfing kontaktiert. Er war uns sofort sympathisch – kein Wunder, denn er ist ein richtiger Outdoor-Naturmensch und schreibt seine Diplomarbeit über die lästige Varroa-Milbe bei Bienen. Da ergibt sich natürlich viel interessanter Gesprächsstoff – und eine leckere Honigverkostung!

Am nächsten Tag fahren wir zusammen zu einer Aussichtsplattform mit super Blick über ganz Thessaloniki und die Bucht. Mich interessiert allerdings mehr diese komische Pflanze, die ich schon aus dem Bus heraus öfter gesehen habe. Manchmal hat sie ganze Felder bedeckt. Orfeas kennt die Antwort: »The Germans.« Die Pflanze ist nämlich überall, so wie die Deutschen. Haha, da hat er nicht ganz unrecht, denke ich mir.

Für das Abendessen gehen wir zusammen in einem kleinen Geschäft einige Minuten entfernt einkaufen. Er kennt die Besitzerin persönlich. Alles ist aus regionalem Bio-Anbau, rustikal präsentiert in Holzregalen. Orfeas liebt diesen Laden, da er ihn an seinen Heimatort auf Kreta erinnert, die warme Insel im Süden. Er beschreibt uns die Unterschiede zwischen dem dortigen entspannten Inselleben und dem hektischen und lauten Großstadtleben. Wegen des Studiums ist er nach Thessaloniki gekommen. Die Unterstützung vom Staat ist minimal, deswegen greifen ihm seine Großeltern unter die Arme. Ab und zu passt er außerdem bei sich in der Wohnung auf Hunde auf. Während unserer Unterhaltung schnippeln wir fleißig Kürbis und Zwiebeln, und Orfeas bereitet einen Teig vor. Es kommt das Thema Tauchen auf. Beide Jungs sind sofort Feuer und Flamme. Orfeas kann gut freitauchen, also Tauchen nur mit Luft in der Lunge, was bei

seinem Hobby Speerfischen unerlässlich ist. In unserem Freundschaftsbuch, in dem jeder unserer Hosts spezifische Fragen gestellt bekommt (#6), antwortet er auf die Frage nach seinem Traumjob: »Als Taucher arbeiten, um die Meere und Ozeane zu schützen (nicht in der Scheiße für 10 000 Euro).« Der Kommentar in Klammern bezieht sich auf eine lustige Unterhaltung über eine Doku über Berufstaucher in verstopften Kläranlagen.

Der leckere Geruch aus dem Ofen übertönt aber die bildlichen Gedanken, und so setzen wir uns hungrig an den gedeckten Tisch. Es erwarten uns die beste Kürbisquiche Griechenlands, als Nachtisch Honig, jede Menge weiterer interessanter Gesprächsthemen und viel zu lachen.

Unsere Hosts, bisher 42 an der Zahl (Stand Januar 2019), waren alle super Menschen, die uns ihre Betten, Kochplatten, Schlüssel, Elektroräder und natürlich ihr Zuhause überlassen haben. Wir sind ihnen unendlich dankbar für ihr Vertrauen, die Zeit, den Aufwand und die Bereicherung, die sie uns auf unserer Weltreise beschert haben. Ohne sie wäre es nicht annähernd so gut gewesen! ●

ANDERE MÖGLICHKEITEN, GÜNSTIG UND NACHHALTIG ZU REISEN

Work and Travel

> workaway.info
> helpx.net
> wwoof.net

House-Sitting

> trustedhousesitters.com
> mindmyhouse.com

VEGETARISCH ODER VEGAN UNTERWEGS

Ein weltweites Verzeichnis vegetarischer und veganer Restaurants und BnBs bietet die Webseite:

> happycow.net

Ich folge Orfeas die Holztreppe der Schuld-Bar in Thessaloniki, Griechenland, hinauf zu einem Couchsurfing-Treffen.

OBEN IM PROKLETIJE-NATIONAL-PARK IN MONTENEGRO
UNTEN DER SCHWARZE SEE IM DURMITOR-NATIONALPARK IN MONTENEGRO

DIE DREI SÄULEN DES NACHHALTIGEN TOURISMUS

1. SÄULE

ÖKOLOGIE

BLEIBEN NATUR UND RESSOURCEN FÜR KÜNFTIGE GENERATIONEN ERHALTEN?

Ich respektiere den Lebensraum und die Natur, durch die ich reise. Meine Ansprüche an Komfort tragen nicht zum Verschleiß knapper Ressourcen wie Land und Wasser bei. Ich belaste die Umwelt am Reiseort nicht unnötig und wähle umweltfreundliche Verkehrsmittel.

2. SÄULE

SOZIO-KULTURELL

IST DER TOURISMUS FAIR ZU DEN MENSCHEN?

WIRD AUF DIE LOKALE KULTUR RÜCKSICHT GENOMMEN?

Ich sorge dafür, dass ich kulturelle Traditionen und Unterschiede achte und respektiere. Ich achte ebenso darauf, dass alle Menschen, die in jeglicher Form zu meiner Reise beitragen, unter fairen und anständigen Bedingungen arbeiten. Es ist für mich eine Selbstverständlichkeit, einen fairen Austausch mit meinen Gastgeber*innen zu schaffen und das Recht auf Teilhabe und Mitsprache am Tourismus der gastgebenden Bevölkerung zu unterstützen.

3. SÄULE

ÖKONOMIE

HAT DER TOURISMUS WIRTSCHAFTLICHE VORTEILE FÜR DIE EINHEIMISCHEN? SIND TOURISTISCHE ENTWICKLUNGEN POSITIV?

Ich zahle faire Preise, sodass die Existenzen der Anbieter*innen gesichert sind. Sie ermöglichen langfristig guten Service sowie Investitionen in beispielsweise Bildung und Umwelt. Ich werde auch die Pflege kultureller Traditionen oder Naturlandschaften fair entgelten. Ich wähle einheimische Unterkünfte und ziehe kleine Restaurants mit Spezialitäten der Region globalen Restaurantketten vor. Auch bei Souvenirs wähle ich fair produzierte Erzeugnisse des lokalen Handwerks. Ich bleibe auch nach der Reise in Kontakt mit der Bevölkerung meines Reiselandes und unterstütze es möglicherweise anhand von Solidaritätsprojekten.

Quellen: www.fairunterwegs.org/fair-unterwegs/, www.flocutus.de/nachhaltiger-reisen-sparsamer-reisen/

VON
FELICIA
UHLIG

36 STUNDEN
REISELEBEN

KRETA ↝ DEUTSCHLAND

17 / 18. Dezember 2017

- ~5⁰⁰ aufwachen auf Deck, leichter Kater (getreu dem Motto „solve niewals nüchtern Fähre") Athen ↝ Schokoladenbrotfrühstück & Schokokekse. Fantastisch & furchtbar, was alles liegen gelassen wird.

- ~6³⁰ Check. Einen direkten Ride nach Patras gefunden. Schneller Abschied von Sandro und nach 3 Monaten plötzlich alleine unterwegs.

- ~7¹⁵ Sonnenaufgang über vielen Inseln & Inselchen in warmen Auto ~~mit~~ bei Cosimo & klein Lorenzo.

- ~10⁰⁰ Patras, Sonnenschein & 2. Frühstück. Vergekochtes Risotto von Sandro. Die ergooglete Fähre fährt nicht. Dafür komme ich mit einer anderen Fähre für 47 € nach Venedig, dort allerdings morgens um 13⁰ an. Nicht so cool, wird sich aber eine Lösung für finden.

- ~17³⁰ Stadterkundung mit viel zu schwerem Rucksack. Mein Nacken leidet und quält. Die Hoffnung auf ein nicht griechisches Buch wird unerwarteterweise erfüllt. Ich beseide mir Hirn mit biochemischen Essays über links & rechts, dreidimensionalen Molekülen, Parität & dergleichen. Frieren, schwitzen, Freude über die Burg Patras – leider geschlossen. Und wo ist diese

verdammte Hafen? Tja deine Orientierungsgenie
Sandra, ist das Reiseleben um eine Herausforderung
reicher. Sonnenuntergang durch Hafen-
Suche leider verpasst.
Endlich angekommen, sind da natürlich
lauter Flüchtlinge. Natürlich, weiß ich ja
und trotzdem hab ich in diesem Moment
nicht damit gerechnet und schäme mich.
Immer wieder klettern ~~strecken~~ die Flüchtlinge
über den Zaun, dann kommen die
Bullen und sie klettern wieder zurück.
Alle grüßen mich, sind freundlich, lachen
und wirken fast unbeschwert. Sie sind nicht
erst seit gestern hier. Mir ist elend, es fühlt
sich furchtbar dekadent an, mit einem
vollgestopften Rucksack unterwegs zu sein.
Meine Überforderung wächst und die Wut, die
in mir aufsteigt wird größer und größer. Ich
schaffe es zurück zu lächeln, aber es ist
ein gequältes, überfordertes, trauriges Lächeln.
Diese unfassbare Ungerechtigkeit, die nicht
nur hier, sondern überall auf der Welt zu
finden ist, lähmt mich und mein deutscher
Pass, der mir so ziemlich alles ermöglicht,
was ich mir vorstellen kann, fühlt sich
an, wie ein unrechtmäßiger Besitz. Ich will
irgendwas tun, fühle mich hilflos & macht-
los, und überlege, was wohl passiert, wenn
ich ihn hier einfach versehentlich fallen
lasse...

Mit sehr gemischten Gefühlen schaffe ich es pünktlich und durchgeschwitzt zur Fähre. Ich versuche mich abzulenken und versuche es stundenweise mit Essen. Nach zahlreichen, vergeblichen Bemühungen, die Avocados, die wir gesammelt haben, nachreifen zu lassen, hat es plötzlich eine geschafft. Ich bin verblüfft. Die Kaiserbanane im Plastiksack hatte offensichtlich den gewünschten Effekt. Avocado ist reif & lecker. Die Fähre hat Verspätung. Super, dann komme ich wohl erst gegen 3⁰⁰ Uhr in Venedig an. Heißt also 2 Std. weniger frieren, bis Sonnenaufgang.

• ~20⁰⁰ Ankunft auf Deck 11 mit Pool-Area und Diskothek... ich bin etwas verwirrt, das habe ich nicht erwartet. Ist auch alles geschlossen, trotzdem komisch.
Der erste Mensch, der mir begegnet ist wohl Koch auf der Fähre und drückt mir recht schnell einen doppelten Espresso in die Hand. Na gut, schmeckt lecker.
Gespräche über Essen. Wenn ich ihn richtig verstanden habe, will er mir später Essen vorbeibringen. Ich hab zwar noch ~ 3kg Risotto, aber gegen ein bisschen übrig gebliebenes Gemüse vom Buffet hab ich auch nichts einzuwenden.
Der nächste Mensch hält mich erst für völlig bescheuert, weil ich auf dem Boden sitze und will dann aber mit mir Wein trinken. Ich aber nicht. Hab selber 1,5 Liter Vino

dabei, sollte fürs erste reichen.

• 23³⁰ an meiner potenziellen Schlafstätte, finde ich eine Tüte mit Salat und Karotten - Kartoffel - Broccoli - Gemüse. Schmeckt zugegebenermaßen nach recht wenig, aber guter Wille zählt. Es folgen Zigaretten & Wein ~~Karotten - Koch~~ und dazu belanglose Gespräche mit dem Koch.

• ~1⁰⁰ Schlafenszeit. Nur schlafen kann ich nicht wirklich (lag bestimmt nicht am doppelten Espresso). Lange habe ich überlegt, ob ich draußen oder innen schlafe. Viele Menschen haben auf mich eingeredet, dass draußen schlafen viel zu kalt sei. Schlussendlich hat mein Kopf (ich fahre Richtung Norden und es ist immerhin Dezember) und meine Faulheit gesiegt und ich lege mich neben mein Hab & Gut ins innere der Fähre. Ständig laufen Menschen an mir vorbei und ich denke im Dämmerschlaf es ist wäre Sandro. In meiner geistigen Umnachtung, frage ich mich, was o wohl macht und ob alles in Ordnung ist, bin aber zu schwach um es zu überprüfen. Zwischendurch wird mir immer mal bewusst, dass Sandro ja in Athen ist und ich irgendwo auf dem ionischen Meer schippere und das Durcheinander in meinem Kopf wird noch ein bisschen doller.

• ~3⁰⁰ Halt in Igoumenitsa. Viele Menschen steigen ein, Franzosen weisen ihren Hund zurecht, Menschen bestaunen mein "Cooking for a

ride to Germany Schild und die vermeintlich
schlafende Fee daneben. Mein neuer
Nachbar schnarcht fürchterlich. Kopfhörer
und Otago schaffen Abhilfe.

~5⁰⁰ immernoch relativ schlaflos, frage ich mich,
was ich hier drinnen eigentlich mache und
ob eine Isomatte draußen auf dem nass-
kalten Reelingboden schlafen doch die
bessere Alternative ist.

~5³⁰ gerade eine bequeme Position gefunden, fällt
mir meine Hängematte ein. Klar, die kann
ich natürlich nicht nur zwischen Bäumen,
sondern auch an die Reeling hängen.
Nach kurzer Überlegung schlüpfe ich in fast
alle Kleider, die ich habe, krame die
Hängematte aus meinem Rucksack und
ziehe um.
Wie kam ich nur auf die Idee, innen zu
schlafen?
Sogar mit perfekten Hängematten auf ~~Bänge~~-
rohre und Geländer ist diese Fähre ausgestattet.
Ich entscheide mich für einen Spot vor dem
Emergency Exit ~~weil~~ und schwebe
bald in der Hängematte, während mir
mehrere Szenarien vorschweben.
1. entweder ich schlafe doch noch ein und
werde geweckt, weil natürlich überall
campen verboten ist, vermutlich auch
vorm Emergency Exit, auch wenn hier
kein einziges Schild zu sehen ist (klar,
gesunder Menschenverstand und so…)
und muss umziehen, oder

2. ich werde Seekrank und verbringe
die nächsten Stunden kotzend über der
Schüssel.
Oder eine Mischung aus beiden, oder vielleicht
doch gar keines.
Ich nehme alles in Kauf.
Seelig hänge ich in der Hängematte und sogar
mein mp3-Player macht fast ohne zu murren
Musik. Die zufällig vom mp3-Player ausgewählte
Musik (alles andere funktioniert überhaupt
nicht), passt perfekt. Schlaf wird völlig
überbewertet.

· ~7³⁰ der Himmel wird immer heller und ich sehe
vermutlich albanische, wunderschöne blaue
Berge. Irgendwo dort ist Himarë, dort haben
wir im Herbst ein paar wunderbare Tage
verbracht.
Es wird immer heller und plötzlich schiebt
sich hinter dem mittlerweile schon recht weit
entfernten Bergen ein riesiger Feuerball
hervor.
Mein mp3-Player scheint das zu wissen und
spielt 'Explosions In The Sky' und ich
frage mich, ob das wohl des Lebens
Ernst ist? Völlig geflashed muss ich immer
wieder laut lachen. So stell ich mir
Glückseeligkeit in seiner reinsten Form vor.
Ein bisschen bemitleide ich meine Mitreisenden,
die sich im stickigen, dunklen Bauch der
Fähre aufhalten. Wir sind genau 2, die sich
dieses Spektakel anschauen.
Ich verbringe noch den ganzen Vormittag in
der Hängematte und genieße.

Immer wieder kommen Crewmitglieder, lachen mich an oder aus, rauchen ihr verbotenes Kippchen und ziehen wieder ab. Zum Risottofrühstück gibt es frischen Expresso. In meinem Kopf singen Schrupo Schraube 'Selbstbedienung, das wäre doch gelacht, hier wird mir alles an den Liegestuhl gebracht' (Cluburlaub). Ich lache noch ein bisschen lauter in mich hinein und fühle mich jetzt tatsächlich auch ein bisschen komisch.

Später kommt mein Sonnenaufgangskompane vorbei und fragt mich, ob ich diejenige bin, die eine Mitfahrgelegenheit nach Deutschland sucht. Ich bejahe und er bietet mir an, mich mit nach Karlsruhe nehmen zu können. Karlsruhe?! Heimlich habe ich natürlich gehofft, das so etwas passiert, aber daran zu glauben, habe ich mich nicht getraut.

Somit hat sich diese offene Frage auch, mehr als zufriedenstellend, beantwortet und wir verbringen den Rest des Tages im Fahrtwind in der Sonne, diskutieren wild und konsumieren Wein & Zigaretten.

Am späten Nachmittag stelle ich fest, dass der Plan garnicht ist, von Venedig nach Karlsruhe zu fahren, sondern von Ancona. Da wir verlassen die Fähre schon am

Abend und gar nicht, wie ich dachte, in der Nacht. Das kann finde ich zwar sehr bedauerlich, kann es aber verkraften und bin froh, das ich das nicht erst in Venedig rausgefunden habe. ‹‹

STRECKE 12 460 KM **ZEITRAUM** SEPTEMBER 2017 BIS APRIL 2018 **FORTBEWEGUNG** PER ANHALTER, BUS, ZUG, FÄHRE **REISENDE** FEE UND SANDRO **BEREISTE LÄNDER** DEUTSCHLAND, ÖSTERREICH, · SCHWEIZ, ITALIEN, SLOWENIEN, KROATIEN, BOSNIEN UND HERZEGO-WINA, MONTENEGRO, ALBANIEN, MAZEDONIEN, SERBIEN, BULGA-RIEN, GRIECHENLAND, TÜRKEI, GEORGIEN

Felicia »Fee« Uhlig, lebt zurzeit in Berlin. Dort düst sie viel mit dem Fahrrad durch den Wedding und den Prenzlauer Berg und schaut nach dem Befinden von Un- und Neugeborenen, Schwangeren und Müttern. Viel Zeit verbringt sie außerdem in einem tollen Hinterhaus, das sie mit circa 30 bis 40 kleineren und größeren Menschen bewohnt.

DIE ÖKOBILANZ UND DAS REISEN
GUTE ODER SCHLECHTE NACHRICHTEN?

VON SALLY SPRINGER | STUTTGART, 3. MÄRZ 2019

Schön in Urlaub fahren und die Welt erkunden, wer macht das nicht gerne? Laut einer Erhebung des Umweltbundesamts hat sich der Personenverkehr zwischen 1990 und 2014 etwa verdreifacht.[1] Dass diese Entwicklung nicht gut für unsere Erde ist, ist uns allen bewusst. Aber wie groß sind die Auswirkungen?

Die semischlechte Nachricht

Wer sich die Frage nach der Umweltwirkung von Reisen beantworten möchte, findet viele Artikel und Webseiten, von welchen nicht alle auf einer fundierten Recherche oder wissenschaftlichen Studie beruhen. Aufgrund von mangelnder Transparenz ist es schwierig, vertrauenswürdige Informationen zu finden.

Websites mit stark vereinfachten Methoden für die Berechnung der eigenen CO_2-Bilanz liefern auf den ersten Blick klare Ergebnisse, vernachlässigen aber wichtige Aspekte und können somit lediglich eine Abschätzung und Annäherung liefern. Empfehlungen von Verbänden oder anderen Zusammenschlüssen, deren Mitglieder aus Fluggesellschaften und Flugzeugbauern bestehen, sollten mit Vorsicht genossen werden. Außerdem bleibt oft unklar, welche Rechenwege und Annahmen sich hinter einem Wert verbergen, wo der Ursprung dessen liegt, was einbezogen wurde und was nicht. Beschäftigt man sich selbst nicht gerade in irgendeiner Form mit diesem Thema, ist es außerdem schwer zu beurteilen, welche Berechnungen überhaupt Sinn ergeben. Nicht nur die Glaubwürdigkeit leidet stark unter diesen fehlenden Angaben, Vergleiche zwischen Ergebnissen werden dadurch beinahe unmöglich.

Die semigute Nachricht

Es gibt eine Methode – die Ökobilanzierung –, welche versucht, komplexe Sachverhalte zu quantifizieren und Ergebnisse hinsichtlich potenzieller Umweltwirkungen zu liefern. Betrachtet wird der gesamte Lebenszyklus eines Produktes oder einer Dienstleistung. Konkret bedeutet das: vom Rohstoffabbau über die Produktion zur Nutzungsphase, dann eventuell zum Recycling und schließlich zur finalen Entsorgung. Das nennt sich »Cradle to Grave«, sprich von der Wiege zur Bahre. Außerdem werden weitere Größen beispielsweise der Energieverbrauch in diesen Phasen und die entstehende Abfallmenge berücksichtigt. Auch Transporte werden bei dieser Methode nicht vernachlässigt.[2,3] Es wird versucht, Vorgänge ganzheitlich zu untersuchen und jeglichen Ressourcenverbrauch und CO_2-Ausstoß miteinzubeziehen, um am Ende ein möglichst genaues Ergebnis zu erhalten.[1]

Doch auch dieser Ansatz scheitert an gewissen Sachverhalten. Verschiedene Berechnungsmethoden und -ansätze werden noch von Experten diskutiert und untersucht. Außerdem werden bei der Analyse oft Bilanzierungsgrenzen gezogen, um die Komplexität zu reduzieren. Abhängig davon, wie die Bilanzierungsgrenzen gezogen und welche Annahmen getroffen werden, können die Ergebnisse bezüglich der Ökobilanz bei demselben Produkt oder einer Dienstleistung stark variieren. Ergo: Auch hier besteht Spielraum, um an gewissen Zahlen zu drehen.

Beispielsweise vergleicht eine Metastudie des ifeu (Institut für Energie- und Umweltforschung) zur Elektromobilität zehn Ökobilanzen miteinander und zeigt den Unterschied der Ergebnisse auf. Der Beitrag der Treibhausemissionen in der Herstellungsphase eines Fahrzeugs variiert bei diesen Studien zwischen 18 und 52 Prozent.[4]

Die Betrachtung des gesamten Lebenszyklus kann jedoch wichtig sein, weil Belastungen für die Umwelt von Produkt zu Produkt abweichen und die Auslöser dafür verschiedene Ursachen haben können. Manchmal liegen die höchsten Umweltbelastungen bei der Gewinnung des Rohstoffs, manchmal in einem anderen Lebenszyklusabschnitt. Betrachtet man nur eine dieser Phasen, kann dies zu falschen Aussagen führen. Eine Studie kam zu dem Ergebnis, dass der Bau, die Instandhaltung und der Betrieb von Infrastruktur und Fahrzeugen (zum Beispiel der Bau eines Flughafens inklusive Landebahn und so weiter) für circa 10 bis 29 Prozent der Emissionen im Fernverkehr verantwortlich sind und deshalb nicht vernachlässigt werden sollten.[5]

Umgang mit Ergebnissen

In der nachfolgenden Tabelle vergleicht das Umweltbundesamt (UBA) die durchschnittlichen Emissionen verschiedener Verkehrsmittel im Personenverkehr miteinander. Das Ergebnis ist eindeutig: Das Flugzeug ist für die meisten Treibhausgase verantwortlich und verursacht 201 Gramm/Personenkilometer (g/Pkm) CO_2-Äquivalente.[5] Die Einheit CO_2-Äquivalente ist ein Maß, welches die Treibhauspotenziale verschiedener Gase in die von CO_2

umrechnet und bündelt.[7] Die Angabe beinhaltet hier neben CO_2 auch CH_4 (Methan) und N_2O (Lachgas).[6] Die beim Flug entstehenden Emissionen, inklusive der Emissionen, die bei der Gewinnung der Energieträger sowie deren Verarbeitung und Transport bis zur Tankstelle entstehen, werden berücksichtigt.[1] Außerdem werden in der Nutzungsphase auch Fahrten am Boden (Taxiing), Leerlaufverbräuche, Start- und Landung sowie Steig- und Sinkphase betrachtet. Ebenfalls berücksichtigt werden neben den Auswirkungen des Kraftstoffverbrauchs auch weitere klimawirksame Effekte.[5] Die zugrunde liegende Methode TREMOD betrachtet jedoch nicht den gesamten Lebenszyklus.

Laut dem webbasierten CO_2-Rechner von myclimate produziert ein Flug von Stuttgart nach Berlin und zurück (circa 1000 Kilometer) circa 304 gCO_2/km.[5] Die gleiche Strecke mit einem mittelgroßen Auto bei einem Verbrauch von 8 Litern Benzin pro 100 Kilometer emittiert 341 gCO_2/km.[9] Mit einem dieselbetriebenen Fahrzeug wären es 365 gCO_2/km.[10] Der Flug schneidet also besser ab als das Auto?! Die Um-

[1] Aufgrund der Komplexität des Themas wurde hier zugunsten der Verständlichkeit die Thematik stark vereinfacht.

Tabelle 1: Eigene Darstellung in Anlehnung an Umweltbundesamt – Vergleich der durchschnittlichen Emissionen einzelner Verkehrsmittel im Personenverkehr – Bezugsjahr 2017

		PKW	Reisebus[a]	Eisenbahn, Fernverkehr	Flugzeug
Treibhausgase[b]	g/Pkm	139	32	36[c]	201[d]
Kohlenmonoxid	g/Pkm	0,60	0,04	0,02	0,13
Flüchtige Kohlenwasserstoffe[e]	g/Pkm	0,14	0,01	0,00	0,04
Stickoxide	g/Pkm	0,34	0,17	0,04	0,51
Feinstaub[f]	g/Pkm	0,004	0,003	0,000	0,004
Auslastung		1,5 Pers./PKW	60%	56%	82%

Tabelle 1:
Umweltbundesamt – Vergleich der durchschnittlichen Emissionen einzelner Verkehrsmittel im Personenverkehr – Bezugsjahr 2017[6]
g/Pkm = Gramm pro Personenkilometer; l/100 Pkm = Liter pro 100 Personenkilometer
Emissionen aus Bereitstellung und Umwandlung der Energieträger in Strom, Benzin, Diesel und Kerosin sind berücksichtigt.
[a] Die Kategorie »Reisebus« umfasst Busse im Gelegenheitsverkehr (z.B. für Klassen- oder Kaffeefahrten) und Fernlinienbusse. Differenzierte Daten für diese beiden Unterkategorien stehen für das Jahr 2017 nicht zur Verfügung.
[b] CO_2, CH_4 und N_2O angegeben in CO_2-Äquivalenten
[c] Die in der Tabelle ausgewiesenen Emissionsfaktoren für die Bahn basieren auf Angaben zum durchschnittlichen Strom-Mix in Deutschland. Emissionsfaktoren, die auf unternehmens- oder sektorbezogenen Strombezügen basieren (siehe z.B. den »Umweltmobilcheck« der Deutschen Bahn AG), weichen daher von den in der Tabelle dargestellten Werten ab.
[d] unter Berücksichtigung aller klimawirksamen Effekte des Flugverkehrs (EWF = Emission Weighting Factor = 2)
[e] ohne Methan
[f] ohne Abrieb

weltbelastung eines dieselbetriebenen Fahrzeugs ist schlechter als ein Benziner?! Die Non-Profit-Organisation myclimate stellt ein Dokument zur Verfügung, in welchem die zugrunde gelegten Annahmen und die Berechnungsweise erklärt sind. Kritisiert werden kann, dass lediglich die CO_2-Emissionen, welche zur Gewinnung des Treibstoffs sowie dessen Verbrennung während dem Flug berücksichtigt werden. Somit wird nur eine Phase im Lebenszyklus betrachtet, nämlich die Nutzung. Außerdem wird diese nicht komplett berechnet, da das Taxiing, Start und Landung und so weiter fehlen.[11] Zur Berechnung der Emissionen für eine Autoreise werden keinerlei Informationen gegeben.

Unterschiedliche Rechenwege und Parameter führen zu unterschiedlichen Ergebnissen. Doch könnte man annehmen, die Werte des UBA müssten höher sein als die von myclimate. Zum einen, weil sie mehr Aktivitäten berücksichtigen, zum anderen, weil sie in der Einheit CO_2-Äquivalente angegeben sind, d.h. CO_2, CH_4 und N_2O berücksichtigen. myclimate gibt lediglich den CO_2-Wert an.

Ganz nebenbei kann noch erwähnt werden, dass die Werte auf der Website von myclimate unter der Überschrift »My carbon footprint« laufen. Die Definition eines Carbon Footprint bezieht den gesamten Lebenszyklus mit ein, was, wie erwähnt, nicht der Fall ist und die Glaubwürdigkeit weiterhin abschwächt.[12]

Jetzt die gute Nachricht?

Bei der Datenwahl sollten die Augen offen gehalten werden. Sicher ist, dass der Transportweg bei einer Reise eine Menge Treibhausemissionen zur Folge hat. Dass die Belastungen durch das Flugzeug höher sind, als die von alternativen Verkehrsmitteln, ist ebenfalls klar, auch wenn ich es an dieser Stelle nicht wage, eine entsprechende Datenquelle zu nennen. Es ist zweifelsohne immer besser, ein Verkehrsmittel voll auszulasten. Gut verhalten kann man sich, indem das Reiseziel wohl überlegt gewählt wird – muss der Wochenendtrip wirklich auf die Kanaren gehen oder findet sich nicht vielleicht auch ein schönes Fleckchen im wunderschönen Schwarzwald? Benutz deinen gesunden Menschenverstand.

Sally Springer hat ihren Master in »Life Cycle and Sustainability« gemacht. Jetzt arbeitet sie als wissenschaftliche Mitarbeiterin im Bereich Social Life Cycle Assessment und beschäftigt sich mit der sozialen Komponente der Nachhaltigkeit. Spannend findet sie vor allem die intensive und tiefe Bearbeitung der Themen und die Betrachtung aus verschiedenen Blickwinkeln.

Quellen:
[1] Knörr, Wolfram; Heidt, Christoph; Gores, Sabine (Öko-Institut e.V.); Bergk, Fabian, 2016: Aktualisierung »Daten- und Rechenmodell: Energieverbrauch und Schadstoffemissionen des motorisierten Verkehrs in Deutschland 1960–2035« (TREMOD) für die Emissionsberichterstattung 2016 (Berichtsperiode 1990–2014), Ifeu-Institut für Energie- und Umweltforschung Heidelberg GmbH, im Auftrag des Umweltbundesamtes, S. 59.
[2] DIN Deutsches Institut für Normung e. V. Umweltmanagement, 2006: Ökobilanz – Grundsätze und Rahmenbedingungen (ISO 14040:2006ICS 13.020.10), 13.020.60 (DIN EN ISO 14040:2006).
[3] DIN Deutsches Institut für Normung e.V. Umweltmanagement, 2018, Ökobilanz – Anforderungen und Anleitungen (ISO 14044:20 06 + Amd 1:2017), ICS 13.020.10 (EN ISO 14044:2006 + A1:2018).
[4] Helms, Hinrich; Kämper, Claudia; Biemann, Kirsten; Lambrecht, Udo; Jöhrens, Julius (Ifeu – Institut für Energie- und Umweltforschung Heidelberg GmbH); Meyer, Kerstin (Agora Verkehrswende), 2019: Klimabilanz von Elektroautos. Einflussfaktoren und Verbesserungspotenzial, S. 23, https://www.agora-verkehrswende.de/fileadmin/Projekte/2018/Klimabilanz_von_Elektroautos/Agora-Verkehrswende_22_Klimabilanz-von-Elektroautos_WEB.pdf, zuletzt geprüft am 7.1.2021.
[5] Mottschall, Moritz; Bergmann, Thomas (Öko-Institut e.V.), 2013: Treibhausgas-Emissionen durch Infrastruktur und Fahrzeuge des Straßen-, Schienen- und Luftverkehrs sowie der Binnenschifffahrt in Deutschland, Arbeitspaket 4 des Projektes »Weiterentwicklung des Analyseinstrumentes Renewbility«, im Auftrag des Umweltbundesamtes, S. 128.
[6] Umweltbundesamt, 2018: Vergleich der durchschnittlichen Emissionen einzelner Verkehrsmittel im Personenverkehr – Bezugsjahr 2017, https://www.umweltbundesamt.de/sites/default/files/medien/366/bilder/dateien/vergleich_der_durchschnittlichen_emissionen_einzelner_verkehrsmittel_im_personenverkehr_bezugsjahr_2017.pdf, zuletzt geprüft am 2.3.2019.
[7] European Union, 2017: Glossary: Carbon dioxide equivalent, https://ec.europa.eu/eurostat/statistics-explained/index.php/Glossary:Carbon_dioxide_equivalent zuletzt geprüft am 7.1.2021.
[8] Stiftung myClimate, ohne Jahr: Ihr Flug, https://germany.myclimate.org/de, zuletzt geprüft am 7.1.2021.
[9] Stiftung myClimate, ohne Jahr: Ihre Strecke, https://co2.myclimate.org/de, zuletzt geprüft am 7.1.2021.
[10] Stiftung myClimate, ohne Jahr: Ihre Strecke, https://co2.myclimate.org/de, zuletzt geprüft am 7.1.2021.
[11] myclimate – The Climate Protection Partnership, 2015: The myclimate flight emission calculator, https://www.myclimate.org/fileadmin/user_upload/myclimate_-_home/01_Information/01_About_myclimate/09_Calculation_principles/Documents/myclimate-flight-calculator-documentation_EN.pdf, zuletzt geprüft am 7.1.2021.
[12] Bundesministerium für Umwelt, Naturschutz und nukleare Sicherheit (BMU), 2016: Produktbezogene Klimaschutzstrategien: Product Carbon Footprint verstehen, anwenden und nutzen, https://bdi.eu/media/presse/publikationen/PCF-Leitfaden_100810_Online.pdf, zuletzt geprüft am 7.1.2021.

»WÄHREND DER REISE HABEN WIR GELERNT, WELCHEN STELLENWERT ZEIT FÜR UNS HAT. ZEIT, NEUE DINGE AUSZUPROBIEREN, NEUE UND BEKANNTE MENSCHEN ZU TREFFEN, UND ZEIT FÜR UNS SELBST.«

SEBASTAN OHLERT

JAHRE

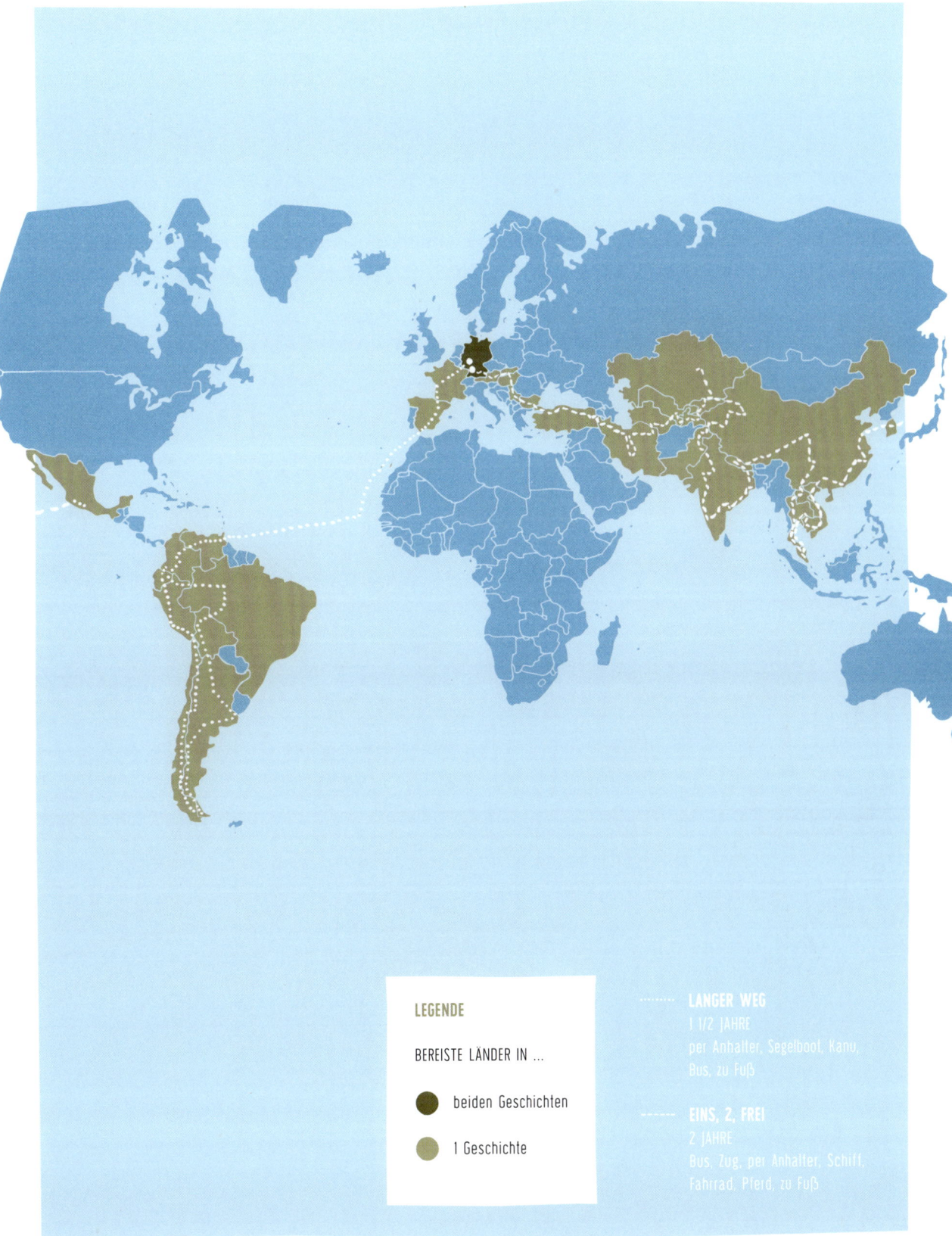

LEGENDE

BEREISTE LÄNDER IN ...

● beiden Geschichten

● 1 Geschichte

LANGER WEG
1 1/2 JAHRE
per Anhalter, Segelboot, Kanu,
Bus, zu Fuß

EINS, 2, FREI
2 JAHRE
Bus, Zug, per Anhalter, Schiff,
Fahrrad, Pferd, zu Fuß

TEXTE VON LISA
UND JULIA HERMES
FOTOGRAFIEN VON
LISA HERMES

LANGER WEG

AHOI UND ANKER LICHTEN – ZWISCHEN FLUCH UND IDYLLE

HAMBUCH

NOTRE-
DAME-
DES-
LANDES

GIBRAL-
TAR

GRAN
CANARIA

KAP
VERDE

CARACAS

CHARLOTTE-
VILLE

MEDELLÍN

QUITO · COCA

IQUITOS

MANAUS

LIMA

LA PAZ

SAN
MARCOS
SIERRAS

VALPARAÍSO

MENDOZA

BUENOS-
AIRES

EL BOLSÓN

PORVENIR

USHUAIA

Lisa und Julia Hermes sind Schwestern und reisen seit Juli 2017 ohne Flugzeug um die Welt. Per Anhalter, zu Fuß, per Segelboot oder mit dem Kanu legen sie ihren Weg zurück und sind so schon bis nach Südamerika gekommen. Von hier aus wollen sie bis nach Alaska und dann weiter Richtung Westen, bis sie irgendwann wieder in Deutschland ankommen. Während ihrer Reise besuchen sie Aussteiger*innen, Ökodörfer und politische Aktivist*innen, sammeln Ideen und Träume, die als Anregungen für eine nachhaltigere und gerechtere Zukunft dienen können.

www.outthere.eu

 OutthereSearchingForUtopia

 outthere.eu

STRECKE 29 750 KM ZEITRAUM JULI 2017 BIS VORAUSSICHTLICH 2021
FORTBEWEGUNG PER ANHALTER, SEGELBOOT, KANU, BUS, ZU FUSS
REISENDE LISA UND JULIA BEREISTE LÄNDER DEUTSCHLAND, FRANK-
REICH, SPANIEN, GRAN CANARIA, KAP VERDE, TRINIDAD & TOBAGO,
VENEZUELA, KOLUMBIEN, ECUADOR, PERU, BRASILIEN, BOLIVIEN, ARGEN-
TINIEN, CHILE

DIE STILLE, WEITLÄUFIGE, SCHEINBAR UNENDLICHE WEITE DES OZEANS, DARÜBER DER STERNENKLARE HIMMEL.

IM WASSER LEUCHTET BEI JEDER WELLE PLANKTON AUF, UND ES SCHEINT, ALS WÜRDE MAN DURCH STERNGALAXIEN SEGELN.

„LA LINEA"

OBEN LINKS LISA UND KATZE
TARA MIT BLICK AUF DEN
ENDLOSEN HORIZONT
OBEN RECHTS JULIA AN DECK
UNTEN ENTSPANNT UND
GLÜCKLICH AUF DEM WEG
NACH SÜDAMERIKA

AHOI UND ANKER LICHTEN

—

Noch leicht verschlafen stopfen wir unsere Schlafsäcke in den Rucksack. Circa 20 Minuten Fußweg liegen zwischen der Strandpromenade von La Línea, wo wir die letzte Nacht verbracht haben, und dem »Ocean Village« – dem Hafen von Gibraltar. Hier ankert das Segelboot, mit dem wir heute Richtung Las Palmas in See stechen werden. Die aufgehende Morgensonne taucht den sagenumwobenen Affenfelsen bereits in ein orangerotes Licht, als wir unsere Rucksäcke aufsetzen und uns auf den Weg Richtung Hafen machen. Als wir vor ein paar Tagen in Gibraltar ankamen, wussten wir, dass wir per

Anhalter über den Atlantik weitertrampen wollen, aber hatten nicht die geringste Ahnung, wie wir dabei am besten vorgehen sollten. Trampen an sich war für uns kein Neuland mehr, aber den Ozean zu überqueren schien dann doch noch mal eine andere Sache. Umso überraschter waren wir, als wir nach zwei Tagen schon eine Zusage hatten: David und seine Crew, denen wir am Peer von unserem Vorhaben erzählten, hatten noch ausreichend Platz auf ihrem Boot und waren bereit, uns mit nach Las Palmas zu nehmen. Im Austausch sollten wir uns an der Lebensmittelkasse beteiligen, kochen und in der Nacht eine Wachschicht übernehmen.

Als wir am Hafen ankommen, ist der Rest der Crew schon ganz fleißig dabei, die letzten Vorbereitungen zu treffen. Wir sind inzwischen hellwach vor Aufregung und klettern ins Bootsinnere, um

unsere Rucksäcke in der kleinen Koje zu verstauen. Eine knappe Stunde später geht es schon los: »Klarmachen zum Ankerlichten!« Ganz gespannt beobachten wir David und Marcello beim Ablegemanöver und bemerken dabei fast gar nicht, wie der europäische Kontinent langsam am Horizont verschwindet. »Ahoii – auf geht's ins große Abenteuer«, rufen wir der scheinbar unendlichen Weite entgegen, die sich langsam vor uns aufzutun beginnt. Das echte Abenteuer sollte aber erst noch beginnen: mit der Ankunft in Las Palmas auf Gran Canaria!

Nach insgesamt vier Tagen auf See schippern wir im Hafen von Las Palmas ein und verabschieden uns von David, Fred und Marcello. Die drei fliegen noch mal nach Hause zurück und werden erst in ein paar Wochen wiederkommen, um an der großen Segelregatta ARC teilzunehmen. Noch ganz wackelig auf den Beinen klettern wir vom Boot auf den großen Holzsteg, winken unserer Crew noch mal zu und wanken langsam Richtung Hafenpromenade. Kurz vor der großen Metalltür, die das Dock von der Promenade trennt, fällt uns ein kleines Boot ins Auge, über dessen Segelmast bunte Decken zum Trocknen ausgelegt sind. Wir beschließen kurzerhand, hier direkt mal nachzufragen, ob die Kapitänin uns mit über den Atlantik nehmen will. So lernen wir Emma kennen: eine schwedische Soloseglerin, kaum älter als wir, die sich in den Kopf gesetzt hat, ganz allein nach Brasilien segeln zu wollen.

TIPPS & HAUSMITTEL
GEGEN DIE SEEKRANKHEIT

- VIEL SCHLAFEN
- VIEL ESSEN
  (TROTZ APPETITLOSIGKEIT! WENN DU HUNGER HAST, SPÜRST DU DIE SEEKRANKHEIT VIEL STÄRKER)
- VITAMIN C
- INGWER
- FRISCHE LUFT
- BLICK AUF DEN HORIZONT
- REISEKAUGUMMIS

Die erste Nacht in Las Palmas verbringen wir am kleinen Stadtstrand direkt neben dem Hafen. Hier treffen wir eine Gruppe von Leuten, die um ein kleines Lagerfeuer herumsitzt und auch auf der Suche nach einem Segelboot ist. Einige sind schon seit einer ganzen Weile auf Gran Canaria und geben uns eine Menge nützlicher Tipps. Zum Beispiel, dass die Hafenbar »Sailor's Bay« ein guter Anlaufpunkt ist, um Segler*innen kennenzulernen, dass wir kreativ gestaltete Zettel mit Telefonnummer aushängen sollten, um auf uns aufmerksam zu machen, oder dass wir tagsüber auf den Docks die Segler*innen einfach direkt ansprechen können. Dann wird noch kurz darüber diskutiert, welche Strategie am erfolgreichsten ist, bis irgendwer die Gitarre auspackt und der Abend in einer spontanen Jamsession endet.

Am nächsten Tag laufen wir über die Hafenpromenade, um uns einen Eindruck von der Situation zu verschaffen. Überall an den Fensterscheiben der kleinen Läden hängen bunte Zettel mit Gesuchen. Schnell stellen wir fest, dass neben der Gruppe von gestern Abend noch eine ganze Menge mehr Leute auf Bootssuche zu sein scheinen. Wir begegnen vielen Leuten, die mit ihren Rucksäcken an der Promenade unterwegs sind. Viele davon haben, wie wir, nicht den geringsten Schimmer vom Segeln, andere sind schon regelrechte Profis und haben bereits zahlreiche Segeltrips hinter sich. Manche sind von Gibraltar oder La Línea hierhergetrampt, aber einige sind mit dem Flugzeug auf die Insel geflogen. Alle haben unterschiedliche Gründe für die Atlantiküberquerung: Hilfsprojekte in der Karibik unterstützen, Familie in Südamerika besuchen, Segeln lernen, Reisen, Abenteuer erleben.

Kaum zwei Tage nach unserer ersten Begegnung mit Emma ziehen wir auf ihr kleines Segelboot »Caprice«, und es folgt eine wilde Zeit am Hafen und in der kleinen Inselstadt. Täglich neue interessante Begegnungen, Hauspartys in einem der zahlreichen Squats in Las Palmas, Straßenmusiksessions an der Strandpromenade, das abendliche Containern in Restaurants und Supermärkten, gemeinsame Reparaturarbeiten an Emmas Boot, kleine Segeltörns und Whiskeyabende in den kleinen Bootskajüten lassen die Bootssuche ganz in den Hintergrund geraten. Als irgendwann ein Monat vergangen ist, gehen wir dann doch mal etwas ernsthafter an die Sache ran. Und so lernen wir schnell Sabine und ihre Familie kennen, die uns mit zu den Kapverdischen Inseln nehmen. Auf deren Boot verlassen wir zur selben Zeit wie Emma den Hafen und stechen gemeinsam Richtung Kap Verde in See!

HILFREICHE LINKS
UND WEBSEITEN
FÜR DIE BOOTSSUCHE:

> www.fairtransport.eu
> www.floatplan.com
> www.cruiserlog.com
> www.worldcruising.com
> www.oceancrewlink.com
> www.findacrew.net
> www.1-2-mitsegeln.de
> www.handgegenkoje.de
> Facebookgruppen, wie:
  > Seglerbörse
  > Mitsegeln

KLEINES SEGLER-ABC

SCHOT
LEINE ZUM REGULIEREN DER SEGELSTELLUNG
HEISSEN/HISSEN
HOCHZIEHEN EINES SEGELS ODER EINER FLAGGE
BACKBORD
IN SCHIFFSRICHTUNG LINKS
STEUERBORD
IN SCHIFFSRICHTUNG RECHTS

LUV/LEE
DIE DEM WIND ZUGEKEHRTE SEITE/
DIE DEM WIND ABGEKEHRTE SEITE
KNOTEN
NAUTISCHE GESCHWINDIGKEITSBEZEICHNUNG
FÜR SEEMEILEN PRO STUNDE
LOG (LOGGE)
GESCHWINDIGKEITSMESSER
LOT (ECHOLOT)
TIEFENMESSER

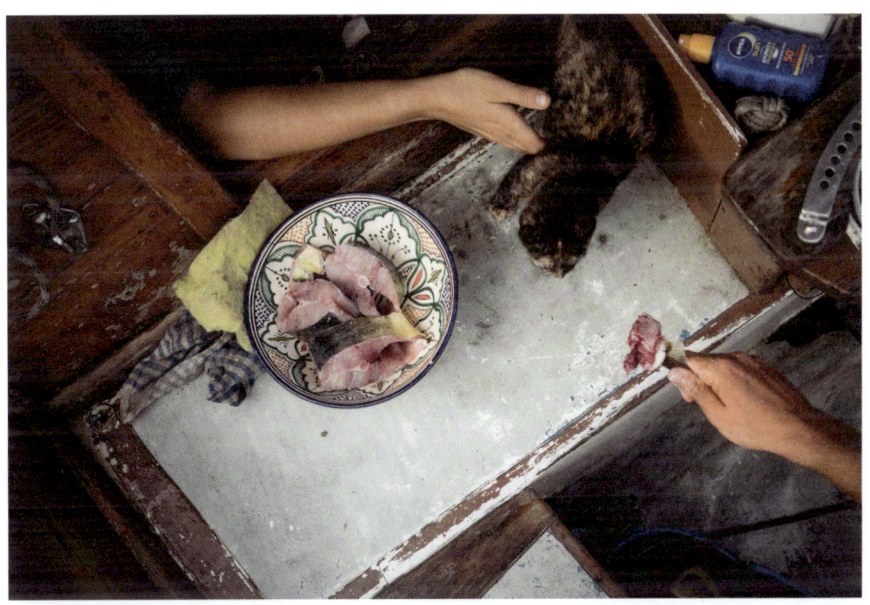

OBEN UNSERE BOOTSKATZE »TARA«
IST GANZ WILD AUF DEN FRISCH
GEFANGENEN FISCH, DEN ES HEUTE
ZUM ABENDESSEN GEBEN SOLL
UNTEN MARCELLO, DER GELERNTE
KAPITÄN, ERKLÄRT UNS DIE ALTEN
METHODEN DER SEENAVIGATION

Mit der Familie segeln wir bis nach Sal, der östlichsten der Kapverdischen Inseln. Hier wollen die fünf noch Weihnachten verbringen und erst im neuen Jahr weitersegeln. Nachdem schon insgesamt zwei Monate seit unserem Start in Gibraltar vergangen sind, wollen wir hingegen aber nicht noch länger warten und trampen deshalb mit zwei weiteren Segelbooten über die einzelnen Inseln, bis wir schließlich den Hafen von Mindelo erreichen. Hier treffen wir Karl, einen Segler in unserem Alter, der mit seinem alten Segelboot in die Karibik segeln will. Unsere Begegnung verlief ungefähr so: Karl: »Seid ihr auf der Suche nach einem Boot?« Wir: »Ja!« Er: »Kommt doch mit uns! Wir wollen heute Abend, besser gesagt, in vier Stunden los!« Mit so einer zackigen Wende der sonst eher zähen Bootssucherei hätten wir nicht gerechnet. Aber wir sind sofort dabei! Schnell noch ein paar Lebensmittel einkaufen, Ausreisestempel abholen und los geht's. Am selben Tag noch verlassen wir mit Karl, Yeppe und Micole auf dem kleinen, alten Boot den Hafen und segeln gemütlich Richtung Westen dem Sonnenuntergang entgegen.

Nach den ersten gemeinsamen Stunden auf See erfahren wir von Karl, dass er erst vor einem Jahr den Segelschein gemacht hat, eigentlich bisher nur auf irgendwelchen schwedischen Seen herumgesegelt ist und kein AIS (Automatisches Identifikationssystem für Schiffe), kein Satellitentelefon, kein GPS und nur vier Rettungswesten an Bord hat. Also all das, was auf den anderen Segelbooten bezüglich Sicherheit für unbedingt notwendig betrachtet wurde, gibt es hier einfach nicht. Mich packt ein kleiner Panikanfall: Worauf hatten wir uns bloß eingelassen? Aber gut, jetzt gab es sowieso kein Zurück mehr. Inzwischen waren wir schon etliche Meilen vom Ufer entfernt und von nichts als der unendlichen Weite des Ozeans umgeben.

Dann folgten 21 Tage auf See. Drei Wochen auf einem circa dreizehn Meter langen Boot mit fünf Menschen sehen ungefähr so aus: schlafen, Essen kochen, essen, lesen, apathisch irgendwo herumliegen, schlafen. Das Gute daran, dass unser Kapitän es nicht so ganz ernst mit der Sicherheit an Bord nahm, war dass wir manchmal ein paar aufregende Ablenkungen hatten. Zum Beispiel: vom Bordrand ins offene Meer springen, dabei schnellstmöglich versuchen, die am Schiff befestigte Leine zu erhaschen, um dann aus Angst vor Haien im Affenzahn über die hintere Reling wieder an Bord zu klettern. Oder: Yogastunden auf dem Hauptdeck, bei denen man sich am Mast festhalten musste, um während der Übungen nicht ins Wasser zu fallen und so weiter.

Wirklich magisch sind aber die Nachtwachen: die stille, weitläufige, scheinbar unendliche Weite des Ozeans, darüber der sternenklare Himmel. Im Wasser leuchtet bei jeder Welle Plankton auf und es scheint, als würde man durch Sterngalaxien segeln. Das Gefühl hier draußen komplett allein zu sein, umgeben von Wasser, nichts als Wasser. Und unter uns die rätselhafte Welt des Meeres: ein Paralleluniversum, das uns für immer verborgen bleibt.

Am Morgen des einundzwanzigsten Tages auf See zeichnen sich am Horizont endlich die Konturen von Tobago ab. Wir können es kaum erwarten, wieder Festland unter unseren Füßen zu spüren. Je näher wir der Insel kommen, desto intensiver nehmen wir die neuen, aufregenden Gerüche wahr, den Duft tropischer Blüten und feuchter, moosiger Wälder. Abenteuer und Ungewissheit liegen in der Luft. Pelikane kreisen um unser Boot, vor uns erheben sich schroffe Felsen und dahinter der sattgrüne, bergige Regenwald. Drei Monate sind vergangen, seitdem wir das europäische Festland verlassen haben, wir sind mit fünf verschiedenen Booten mitgesegelt und haben über 3000 Seemeilen zurückgelegt. ●

Dann folgten einundzwanzig Tage auf See. Drei Wochen auf einem circa dreizehn Meter langen Boot ...

CREW AVAILABLE!

www.outthere.eu

YOU ARE LOOKING FOR A JOYFUL, HARDWORKING, ENTHUSIASTIC AND SKILLED COMPANY?
HERE WE ARE!

We (Julia & Lisa) are two sisters from Germany, travelling around the world without airplane (have a look at our webpage: www.outthere.eu) and are looking for some nice people, who need help on deck and want to take us with them to South America.
We have some **sailing experience** and are happy to take over nightshifts!

I (Julia) have **medical skills** because I was working in the health sector for many years. I studied **psychology**, so if there will be conflicts on the boat – no problem – I'll solve them! :-D

I (Lisa) am a **documentary photographer and videomaker**. I'll be happy to keep the most beautiful moments for you to make your journey unforgettable …
Besides that I am a **passionate & experienced cook**! Boring meals on the ocean will be a thing of the past! :-)

Apart from those skills, we are happy to help you out with any work which will arise;
fixing, cleaning, whatsoever …

See you soon!

Julia & Lisa

P.S.: We speak German, English, Italian fluently, French and Spanish quite good.

Julia & Lisa Hermes +49 151 149 297 85 or +49 175 109 7267 mail@outthere.eu

Julia & Lisa Hermes +49 151 149 297 85 or +49 175 109 7267 mail@outthere.eu

Julia & Lisa Hermes +49 151 149 297 85 or +49 175 109 7267 mail@outthere.eu

Julia & Lisa Hermes +49 151 149 297 85 or +49 175 109 7267 mail@outthere.eu

Julia & Lisa Hermes +49 151 149 297 85 or +49 175 109 7267 mail@outthere.eu

Julia & Lisa Hermes +49 151 149 297 85 or +49 175 109 7267 mail@outthere.eu

Julia & Lisa Hermes +49 151 149 297 85 or +49 175 109 7267 mail@outthere.eu

Julia & Lisa Hermes +49 151 149 297 85 or +49 175 109 7267 mail@outthere.eu

TRAMPEN ÜBER ...

> DIE DURCHSCHNITTS-GESCHWINDIGKEIT EINER SEGELYACHT BETRÄGT ETWA 5 KNOTEN, DAS SIND UNGEFÄHR 9 km/h

Buchempfehlung:
Mitsegeln für Anfänger (ePaper)

Das ePaper Mitsegeln für Anfänger besteht insgesamt aus 36 Seiten, die prallgefüllt sind mit allen grundlegenden Informationen, die dich auf dein Abenteuer als Mitsegler*in vorbereiten:

> Welche Schritte sind notwendig auf dem Weg zur Ozeanüberquerung per Anhalter?
> Brauchst du einen Segelschein? Und wenn ja, welchen?
> Was kostet ein Abenteuer als Mitsegler*in?

> Welche Arbeiten kannst du an Bord erledigen, wenn du nicht segeln kannst?
> Wo und wie findest du ein Boot, das dich mitnimmt?
> Welche Ausrüstung brauchst du als Mitsegler*in?

JAHRESZEIT

Zwischen Juni und September wirst du kein Boot finden, welches Richtung Südamerika oder Kanarische Inseln segelt, denn in dieser Zeit ist Hurrikan-Saison. Falls du über den Atlantik willst, solltest du also eher von November bis März deinen Segeltrip starten.

ROUTE

> Gibraltar – Kanaren – Karibik
> Gibraltar – Kanaren – Kap Verde – Karibik
> Gibraltar – Kanaren – Kap Verde – Brasilien

Wichtig: Wer über den Atlantik segeln will, braucht Zeit, Geduld und Ausdauer!
> Von Gibraltar bis in die Karibik können also schnell mal zwei bis drei Monate verstreichen (reine Segelzeit: bis zu vier Wochen; restliche Zeit: Bootssuche, Wartung oder Reparatur der Boote).

> WILLST DU VON SÜDAMERIKA NACH EUROPA SEGELN, WIRST DU SEHR WAHRSCHEINLICH EINEN „UMWEG" ÜBER DIE VEREINIGTEN STAATEN MACHEN MÜSSEN, WEIL DIE GROSSEN WINDSTRÖME SO WEHEN.

KOSTEN

... kommt natürlich auf dich und deinen Reisestil an!
> Im Idealfall musst du für die Überfahrt nichts bezahlen, insofern du eine Gegenleistung wie zum Beispiel Kochen erbringst. Auf manchen Booten musst du in Lebensmittelkassen einzahlen oder auch mal eine Kostenpauschale für Hafengebühren und so weiter zahlen.

> AUF KAP VERDE SIND DIE NAHRUNGSMITTEL UM EINIGES TEURER ALS AUF DEN KANAREN, DESWEGEN LOHNT ES SICH AUF DEN KANAREN EINEN GROSSTEIL EINZUKAUFEN.

TAKTIK

Entweder du gehst am Hafen in die umliegenden Hafenbars, pinnst eine kurze Beschreibung über dich an die Pinnwände oder gehst zum Büro der Hafenverwaltung und legst dort Zettel aus.

> Wer bist du? Wo willst du hin? Was hast du für Fähigkeiten?

Du kannst natürlich die Menschen auf ihren Booten auch persönlich ansprechen, einfach über die Anlegestege laufen und dich freundlich vorstellen.

> Ist meist die erfolgreichste Strategie, da sie schon einen Bezug zu dir herstellen können und das persönliche Vorstellen einfach immer am besten ankommt.

> Vor allem die zwischenmenschliche Sympathie ist bei einer langen gemeinsamen Zeit auf See den Skipper*innen oft am wichtigsten, wichtiger als andere »Fähigkeiten«.

Timo Peters kommt aus Ostfriesland und ist schon sein ganzes Leben lang vernarrt darauf, Abenteuer zu erleben und die Welt als riesengroßen Spielplatz zu entdecken. Er ist als freier Journalist tätig und hat bereits mehrere eigene Bücher geschrieben. Darüber hinaus pflegt er seit einigen Jahren den Reise- und Abenteuerblog »Bruder Leichtfuß«.

www.bruderleichtfuss.com  bruderleichtfuss.com timopeters.bl

PRAKTISCHE FÄHIGKEITEN

1 HANDWERKEN

> An Bord geht immer irgendetwas kaputt!

Bist du also ausgebildete*r Handwerker*in oder hast handwerkliche Fähigkeiten, wirst du sehr beliebt bei Skipper*innen sein (egal ob Mechaniker*in, Elektriker*in, Klempner*in, Tischler*in, Schweißer*in und so weiter).

2 KOCHEN

> Kreativität ist beim Kochen täglich gefragt!

An Bord ist Strom knapp, meistens muss man ohne Kühl- oder Gefrierschrank und auch ohne Backofen auskommen, und trotzdem freut sich jedes Crew-Mitglied auf eine gute warme Mahlzeit – Köch*innen oder Menschen, die gerne kreativ und mit beschränkten Möglichkeiten kochen, sind sehr gern gesehene Gäste!

3 VERARZTEN

> Irgendwann verletzt sich immer jemand!

Krankenhäuser oder Ärzte sind vor allem auf dem Atlantik viele Tagesreisen entfernt, deswegen sind Krankenpfleger*innen, Ärzt*innen oder Sanitäter*innen an Bord immer sehr willkommen.

4 UNTERRICHTEN

> Segelnde Familien sind keine Seltenheit!

Oft werden die Kinder an Bord von ihren Eltern unterrichtet, welche sich sicherlich darüber freuen, hin und wieder von anderen abgelöst zu werden, um zwischen Segeln und Unterrichten ein bisschen Zeit für sich zu haben. Bist du also Lehrer*in oder Kindergärtner*in, hast du sehr gute Chancen, mitgenommen zu werden.

5 DOKUMENTIEREN

> Erinnerungen kann es nie zu viele geben!

Oft machen Skipper*innen auch nicht jedes Jahr einen so langen Törn, wie einmal über den Atlantik und wieder zurück, deswegen sind sie sehr glücklich, wenn Menschen an Bord sind, die dieses Abenteuer professionell festhalten können, sei es fotografisch, filmisch oder auch zeichnerisch.

6 UNTERHALTEN

> Langeweile ist vorprogrammiert!

Nach einer Woche auf einem kleinen Boot auf See, nur von Wasser umgeben, kommt unweigerlich Langeweile auf. Die meisten Kapitän*innen gehen schlichtweg aufgrund der Langeweile nicht allein auf lange Törns. Erzählst du also gerne Geschichten, spielst leidenschaftlich gerne ein Musikinstrument, bist ganz vernarrt darauf, Brettspiele zu spielen oder etwas ganz anderes, was die Crew-Mitglieder unterhalten kann, bist du sehr gerne gesehen!

7 SPRACHEN SPRECHEN

> Sprachtalente sind oft die Rettung in der Not!

Auf langen Fahrten kommen Skipper*innen mit ihren Booten oft durch viele Länder mit anderen Sprachen. Vor allem an Land kann es für sie von Vorteil sein, wenn Crew-Mitglieder*innen viele Sprachen sprechen, um den Handwerker*innen beispielsweise ein Problem zu erklären. Bist du also ein Sprachtalent, verberge es nicht vor deinen Skipper*innen, wenn du sie ansprichst!

8 ZWISCHENMENSCHLICHE KOMPETENZEN

> Diskussionen gehören leider zum Alltag dazu!

Ist eine Gruppe von Menschen über längere Zeit auf engstem Raum, schürt dies automatisch Diskussionspotenzial, bist du also ein gemeinschaftlicher, offener und harmoniebedürftiger Mensch, der etwas von gewaltfreier Konfliktlösung versteht und imstande ist, sachlich wieder Frieden herzustellen und Probleme zu lösen, dann werden sich alle um dich reißen!

MITSEGLER-PACKLISTE

DER STAURAUM AN DECK IST EXTREM KNAPP, NIMM ALSO SO WENIG WIE MÖGLICH MIT.

GANZ WICHTIG:

REISETASCHE, RUCKSACK ODER RICHTIGER SEESACK (SIND PRAKTISCH ZU VERSTAUEN UND KÖNNEN "GESTOPFT" WERDEN)

➜ KEINEN HARTSCHALENKOFFER!! :)

ZUSÄTZLICHES FÜR WASSERRATTEN:

- SCHNORCHEL
- TAUCHERBRILLE
- NEOPRENANZUG

> ODER AUCH BARFUSS, DIE ATLANTIK- ROUTE WIRD JA NICHT UMSONST AUCH BARFUSS- ROUTE GENANNT ;D

APOTHEKE:

- ANTI-MÜCKEN- SPRAY
- MITTEL GEGEN MÜCKENSTICHE
- SONNENMILCH
- WUNDSALBE / ALOE VERA GEL (GEGEN SONNENBRAND UND ANDERE WUNDEN)
- (WUND)DESINFEKTIONS- MITTEL
- DURCHFALLMITTEL
- PFLASTER

... ETC, ETC :)

SCHLAFEN:

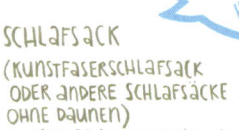

> SOLLTE BIS -10°C WARM HALTEN!

- SCHLAFSACK (KUNSTFASERSCHLAFSACK ODER ANDERE SCHLAFSÄCKE OHNE DAUNEN)
  ➜ SIND SEHR FEUCHTIGKEITS- EMPFINDLICH
- (REISE)HÄNGEMATTE
- OHROPAX
- VIELLEICHT SOGAR EINE SCHLAFMASKE

KLEIDUNG:

- SEGELSCHUHE / TURNSCHUHE (MIT HELLER SOHLE)
- SEGEL- ODER FAHRRADHANDSCHUHE (VERHINDERN BRANDVERLETZUNGEN AN DEN SCHOTEN)
- KOPFBEDECKUNG (CAPPY, TUCH ETC.)
- LEICHTE JACKE
- BEQUEME KLEIDUNG
- BADEHOSE / BIKINI
- REISEHANDTUCH (SCHNELLTROCKNEND)

UNTERHALTUNG & TECHNIK:

- (HÖR)BÜCHER
- STURMFEUERZEUG (NICHT NUR FÜR RAUCHER, SONDERN AUCH FÜR DEN GASKOCHER UND GANZ VIELE ANDERE GELEGENHEITEN)
- USB-LADEGERÄTE, ZUSATZAKKUS, ERSATZAKKUS — FÜR HANDY, KAMERA, TABLET ETC.
- STIRNLAMPE

> FALLS DU EINEN SEGELSCHEIN HAST, PACK DIESEN AM BESTEN AUCH EIN!

> WICHTIG: SOLLTE FÜR DIE NACHTWACHEN EINEN ROTEN FILTER HABEN!

PRAKTISCHES:

- SONNENBRILLE (WASSERFEST, ÖLFREI, MIND. LICHTSCHUTZFAKTOR 30)
- HANDWASCHMITTEL (ZUM WÄSCHE WASCHEN)
- WÄSCHEKLAMMERN AUS HOLZ (ZUM BEFESTIGEN DER NASSEN WÄSCHE)

REISEN FÜR DIE SOZIALEN MEDIEN:

CHANCEN UND RISIKEN VON INSTAGRAM UND CO. FÜR DEN TOURISMUS

VON SANDRA PETSCH | STUTTGART

Soziale Medien sind in unserer heutigen Welt nicht mehr wegzudenken. Für viele Nutzer bestimmen sie bewusst oder unterbewusst ihre Verhaltens- sowie Kaufentscheidungen im Alltag. Doch die sozialen Medien und vor allem die »Instagrammibilität« sind inzwischen zu einem nicht unwesentlichen Faktor in der Reisebranche geworden. Neben neuen Möglichkeiten und Chancen tun sich hier aber auch einige Probleme auf.

Man erkennt sie auf einer Reise schon von weitem: Millennials, die vor einem besonderen Monument oder einem bekannten landschaftlichen Hintergrund Schlange stehen, als ob es etwas gratis gäbe. Sobald der gewählte »top spot« besetzbar ist, geht es an die Erprobung unterschiedlicher Posen, mit denen man sich dann selbst in Szene setzt. Schließlich muss ja DAS eine besondere Foto dabei herauskommen, welches später über die sozialen Medien mit der Welt geteilt werden soll. Laut einer britischen Studie ist für Reisende unter 33 Jahren die »Instagrammibilität« (also die Eignung der Fotos und die ästhetische Wirkung der Reiseziele für den eigenen Instagram Feed) wichtiger als die Erholung, die Reisekosten oder die Esskultur des Landes. Der Faktor Sightseeing landete abgeschlagen auf dem letzten Platz. Für die Wahl des Reiseziels ist die Verwendbarkeit einer Reisefotografie in den sozialen Medien demnach entscheidend.

Hieraus hat auch die Tourismusbranche längst ihren Nutzen gezogen und die Vermarktungsmöglichkeiten auf den Kanälen erkannt. Tourismusverbände, Reiseveranstalter und Hotels laden regelmäßig Influencer, also die Vorbilder der Nutzer aus den verschiedenen sozialen Medien, aus verschiedenen Ländern ein, um ein bestimmtes Reiseziel oder ein Reiseprodukt zu vermarkten – und dies mit sehr großem Erfolg: Die Influencer, die sich insbesondere auf der Foto- und Videoplattform Instagram etabliert haben, reisen in ihren meist ebenfalls gesponserten Outfits um die Welt, lassen sich fotografieren und vermarkten somit ein bestimmtes Produkt und/oder ein Reiseziel. Daraufhin folgen Massen an Touristen. Inspiriert von der Reise ihres Vorbildes, zücken sie die Geldbörsen und buchen die ihnen vorgelebte Reise, um an den jeweiligen Orten – bewusst oder nicht – dieselben Aufnahmen für den eigenen Feed zu machen. So wird auch der ein oder andere aus dem Bekannten- und Freundeskreis aufmerksam und für die eigene Reiseplanung inspiriert. Aufgrund eines Fotos entsteht ein sogenannter Multiplikatoreffekt, der nicht nur Vorteile für Land und Leute mit sich bringt. Ein ästhetisch herausragendes Bild der Influencer oder des besten Freundes ist da natürlich nicht das eigentliche Problem. Zum Problem wird es dann, wenn Massen an Menschen dieser Bewegung folgen und trendige, Instagram-wertige Reiseziele wie bestimmte Strände oder ganze Ortschaften überrannt werden. Dies führt meist zu enormen Schäden an Umwelt, soziokulturellen Strukturen und Kulturgütern des Reiseziels. »Overtourism« wird diese Erscheinung von Experten der Tourismusbranche genannt. Instagram und Co. treiben die Menschen zu den immer gleichen Orten. An einigen Stellen hatte die schier endlose Zahl der Reisenden bereits so negative Auswirkungen, dass die lokale Regierung Maßnahmen ergreifen musste. So wurde beispielsweise für den Machu Picchu in Peru ein Tageslimit von 2500 Besuchern erlassen. Als zusätzliche Maßnahme sollen, laut der peruanischen Regierung, ab 2019 die Touristen das Gelände nur noch mit offiziellen Reiseführern und auf festen Routen besichtigen dürfen.

Wo früher an schwer zugänglichen, exotischen Orten nur eine Handvoll hartgesottener Backpacker unterwegs waren, mussten Behörden inzwischen aufgrund des enormen Andrangs den Zugang limitieren oder gänzlich verwehren. Die Schäden durch den Tourismus sind längst dabei, die Vorteile zu überwiegen. Nur durch Eingriffe, wie die soeben erwähnten, haben Einwohner sowie die einheimische Flora und Fauna eine Chance, sich zu erholen.

Wenn die Reise nur noch als Kulisse für die Selbstdarstellung und für Herzen, Likes und Abonnenten auf dem Account dient und es weniger um die Kultur und Natur vor Ort geht, den Entdeckergeist, die Menschen, die wilden Tiere oder einfach nur darum, etwas Neues zu erleben und zu lernen – dann hat das Reisen keinen wirklichen Mehrwert für die Destination und im Endeffekt auch keinen für den Reisenden selbst.

Sind Millennials und jüngere Generationen also besonders oberflächlich unterwegs? Nicht unbedingt. Es zeigt sich ein ganz anderes Bedürfnis der Menschen, das sich nicht erst mit der Zeit der sozialen Medien entwickelt hat: und zwar der Wunsch nach Anerkennung und Verwirklichung. Beides scheint in der Natur der Menschen zu liegen. Wenn man bereit ist, dies zur Kenntnis zu nehmen und anzuerkennen, weiß man auch, in allen Lebensbereichen damit umzugehen. Dies gilt auch für den Bereich soziale Medien, denn dort gibt es ein großes Potenzial, die Reisebranche und das Bewusstsein zahlreicher Menschen positiv zu beeinflussen.

Den Reiseerlebnissen enger Freunde oder Arbeitskollegen dürfte bei der Wahl des eigenen Reiseziels mehr Vertrauen geschenkt werden als der klassischen Werbung eines Reiseveranstalters. Genau deshalb funktionieren soziale Medien so gut als Werbeplattform. Ob Influencer oder nicht – es wirkt authentisch. So können von zahlreichen Personen, die online unterwegs sind, zum Beispiel noch unentdeckte Ortschaften, familienbetriebene, umweltbewuss-

te Hotels und Restaurants ehrlich empfohlen werden.

Auch kleine Tourismusdestinationen, Gemeinden und Lokalitäten selbst haben eine einfache, kostenlose und effektive Chance, sich in den sozialen Medien zu vermarkten und bestimmte Zielgruppen zu erreichen. Somit kann der lokalen Wirtschaft geholfen und durch einen ökotouristischen Ansatz der Artenschutz vieler bedrohter Tier- und Pflanzenarten gefördert werden. Ein gutes Beispiel ist die steigende Reisenachfrage zu den fast ausgestorbenen Berggorillas in Ruanda. Mit Hilfe sozialer Medien und der mittlerweile jährlich knapp 40 000 Touristen, die in geführten Touren die Gorillas besuchen, konnte eine deutliche Erholung der Bestände erzielt werden. Auch die Menschen vor Ort konnten sich durch diese Form des Tourismus ein besseres Einkommen sichern. All dies ist weitere Motivation für die Bevölkerung, die Gorillas und ihre heimischen Wälder zu schützen.

In einer informationsüberfluteten Welt sagen Bilder oft mehr als tausend Worte. Sie wecken in Bruchteilen von Sekunden Emotionen, bringen uns zum Lachen und zum Nachdenken. Soziale Medien zeigen viel Positives in der Welt: Menschen, die im eigenen Urlaub Strände vom Plastikmüll befreien, freundschaftliche Beziehungen zu Menschen in aller Welt mit unterschiedlichen Religionen und Hautfarben knüpfen, und unzählige Profi- und Hobbyfotografen, die die Schönheit, aber auch die Fragilität der Erde erfassen und Mitmenschen inspirieren und mitreißen, umweltbewusster zu leben.

Authentische Reiseerzählungen, die ungeschönt von Abenteuern aus fernen Ländern berichten. Individuen, die aufzeigen, wie sie #Zerowaste leben und somit einer weltweiten Bewegung folgen. Menschen, die alternativ ohne Flugzeug reisen und zeigen, dass es auch im eigenen Land oder den Nachbarländern schöne Ecken zu entdecken gibt und dass auch Bahnreisen durch Europa unglaublich malerisch und ästhetisch reizvoll für den eigenen Instagram Feed sein können.

Dies zeigt eine Generation, die aktiv etwas für eine bessere Welt tut, ohne auf Abenteuer und die Schönheit des Reisens zu verzichten. Und damit weltweit weitere Menschen dazu inspirieren, ihren Alltag und ihren Urlaub anders als die Masse zu verbringen. Etwas wirklich Besonderes zu erleben, aus Überzeugung. Das beruhigt und gibt Hoffnung.

Als Anfang 2019 die #10yearschallenge viral ging, um aufzuzeigen, wie man sich selbst in den letzten zehn Jahren verändert hat, haben Naturschützer, Organisationen, Fotografen, aber auch Hunderte Privatpersonen auf der ganzen Welt diese Challenge abgeändert, um aktiv auf Themen wie die Abholzung des Regenwaldes, das Absterben der Korallen oder den Klimawandel im letzten Jahrzehnt aufmerksam zu machen.

Auch wenn viele die sozialen Medien als große eigennützige Bühne sehen, sind Instagram und Co., wenn man sie achtsam verwendet, von großem Nutzen und machen zusätzlich Spaß. Sie verbinden uns mit Menschen aus aller Welt, lassen uns Ideen und Meinungen austauschen und inspirieren uns.

Da darf es auch der ein oder andere Influencer sein, den man gerne abonniert – wichtig ist hierbei, den eigenen Werten zu vertrauen, zu überlegen, zu reflektieren und nicht blind einem Reisetrend zu folgen. Dann ist den eigenen schönen Bildern in den sozialen Medien auch nichts mehr entgegenzusetzen.

***

Auf das Profil @insta_repeat gehen und ein kleines bisschen über die Duplikatfotos der Instagrammer schmunzeln oder sich selbst bei einigen der Bilderkompositionen ertappt fühlen (und mitschmunzeln).

Sandra Petsch wohnt in Frankfurt am Main, studierte Nachhaltiges Tourismusmanagement und ist als Bloggerin und leidenschaftliche Reisende selbst gerne auf Instagram und in der Welt unterwegs. Sie hat sich in ihrer Masterthesis mit der Beeinflussung des Reiseverhaltens durch soziale Medien auseinandergesetzt und sich ebenfalls mit der Vermarktung des nachhaltigen Tourismus beschäftigt.

🅞 **@sandrasophietravels**
Blog: sandrasophietravels.com

Quellen:
https://www.sueddeutsche.de/panorama/berggorillas-in-ruanda-mein-freund-der-toUrist-1.4006402
https://www.forbes.com/sites/andrewarnold/2018/01/24/heres-how-much-instagram-likes-influeNce-millennials-choice-of-travel-destinations/#2f0491e34eba

TRAMPEN in …

ZU WISSEN, WIE MAN MATE-TEE ZUBEREITET KANN VON VORTEIL SEIN! :)

AN DEN TANKSTELLEN GIBT ES ÜBERALL FREIES WLAN !!

ARGENTINIEN

STATISTIK:
ZURÜCKGELEGTE DISTANZ : 8045 km
ANZAHL DER LIFTS : 84
DURCHSCHNITTLICHE WARTEZEIT : 34 min 50 sek
STANDZEIT GESAMT : 47 STUNDEN h 13 min

Menschen: von Idealismus geprägt, legen Wert aufs Kollektiv, offen gegenüber Trampern

Straßen: perfekte Infrastruktur, Straßen sind lange und gerade (im Süden), Straßenqualität ist okay, viele Kreisverkehre

Trampen: wird sehr schnell und weit mitgenommen, gut geeignet zum Langstreckentrampen

Nachttrampen: super (vor allem an großen Kreisverkehren gut ausgeleuchtet, viel Fläche, einsam)

Taktik/Positionierung: man muss nicht viel beachten, dank der geraden flachen Straßen sehen euch die Autofahrer*innen recht früh, positioniert euch sichtbar und gebt das Handzeichen nicht zu früh, man kann überall stehen, muss keine langen Strecken laufen, um geeignete Stellen zum Trampen zu finden. Im Süden werdet ihr für Langstreckenlifts auch oft mitgenommen, dass die Fahrer*innen auf den langen, geraden Straßen wach bleiben und Unterhaltung haben!

Stefan Korn wohnt in Leipzig. Er trampt seit über zehn Jahren und liebt es, als Nomade und Abenteurer unseren Planeten per Anhalter zu erkunden. Ganz nach dem Vorbild der ältesten Trampschule Russlands, welche das Trampen seit 1978 auf sportliche Art und Weise praktiziert und vermittelt, hat er mit seinem Freund Ralf die Deutsche Trampsport Gemeinschaft (DTSG) gegründet. 2020 erschien sein Buch »Warm Roads. Was passierte, als ich nach Hause wollte und dafür per Anhalter die Welt umrundete«.

www.warmroads.de

DER VERFLIXTE DAUMEN HOCH !

➜ IN CHINA BEDEUTET ER DIE ZAHL 5.

➜ IM NAHEN OSTEN, IN AUSTRALIEN, THAILAND, UND NIGERIA WIRD ER ALS ÜBLE BESCHIMPFUNG AUFGEFASST.

➜ IN DER TÜRKEI KÖNNTE ER ALS EINLADUNG ZU SEXUELLEN PRAKTIKEN VERSTANDEN WERDEN

„WARM ROADS!" IST EIN GRUSSWORT UNTER RUSSISCHEN TRAMPERN, WELCHES OFT AM ENDE VON NACHRICHTEN VERWENDET WIRD.

ACHTUNG: IN JAPAN HERRSCHT LINKSVERKEHR !!

JAPAN

STATISTIK:
ZURÜCKGELEGTE DISTANZ : 4711 km
ANZAHL DER LIFTS : 79
DURCHSCHNITTLICHE WARTEZEIT : 11 min 36 sek
STANDZEIT GESAMT : 15 h 17 min

Menschen: sehr höflich und interessiert, reagieren positiv auf Tramper*innen, haben aber das Grundprinzip des Trampens noch nicht so ganz verstanden

Straßen: perfekt ausgebautes Autobahnnetz (Expressways), Parking und Service Areas (PA und SA), PAs haben Toiletten und Automaten, SAs haben Tankstellen, Einkaufsstraßen, sogar manchmal Schwimmbäder und meistens kostenloses Internet, normale Straßen sind klein und eng, viele Tunnels

Trampen: es ist ein großartiges Land zum Trampen, Menschen halten sehr schnell an und oft auch einige Meter weiter hinten mit Warnblinkanlage, da sie zuvor keinen Platz zum Anhalten finden, Fortbewegung ist aufgrund des Tempolimits (Expressways: 100 km/h, Landstraßen: 50/60 km/h) recht langsam, allgemein sind die Autos klein, und es gibt wenig Haltefläche, auch auf der Autobahn gibt es manchmal keinen Standstreifen

Taktik/Positionierung: immer vor den Mautstationen (Interchange) bei Expressway-Auffahrten trampen, Landstraßen sind zum Trampen auch zu empfehlen, ein Schild kann von Vorteil sein, da alle japanischen Tramper mit Schild trampen

RUSSISCH ZU KÖNNEN
KANN GANZ PRAKTISCH SEIN!

KASACHSTAN

STATISTIK:
ZURÜCKGELEGTE DISTANZ: 4555 km
ANZAHL DER LIFTS: 57
DURCHSCHNITTLICHE WARTEZEIT: 11 min 56 sek
STANDZEIT GESAMT: 11 h 20 min

Menschen: kumpelhaft und warm, aufrichtig interessiert, bunt gemischtes Volk (alle sehen anders aus), man wird schnell zum Trinken eingeladen, Männerkultur ein bisschen machohaft, vor allem als Frau Vorsicht geboten

Straßen: zwischen großen Städten sind Straßen gut und teilweise neu, viele Teile jedoch Trümmerstraßen, vor allem im Landesinneren stellen sie eher ein zusätzliches Hindernis dar, manchmal sogar zu Fuß schneller

Trampen: das Trampen ist sehr einfach, da das Land sehr weit ist und fast überall aus Steppe besteht, außerdem gibt es eine weitverbreitete Trampkultur, fast überall stehen Menschen an der Straße und trampen

Nachttrampen: funktioniert super!

Taktik/Positionierung: dank der Weite des Landes kann man sich überall einfach an den Straßenrand stellen, alles ist direkt und unkompliziert, sonst an Auffahrten bei großen Kreuzungen und Kreisverkehren in den Städten hinstellen, nicht an Bushaltestellen trampen (Bevölkerung trampt dort und bezahlt auch)

„AVTOSTOP" –
EIGENTLICH IST JEDES
AUTO EIN TAXI, AM
BESTEN IMMER KLAR
MACHEN, DASS IHR
NICHTS BEZAHLEN WOLLT.

KOLUMBIEN

STATISTIK:
ZURÜCKGELEGTE DISTANZ: 943 km
ANZAHL DER LIFTS: 17
DURCHSCHNITTLICHE WARTEZEIT: 48 min 03 sek
STANDZEIT GESAMT: 13 h 37 min

Menschen: offen, warmherzig, entspannt, jedoch kritisch gegenüber dem Trampen und gehemmt, anzuhalten

Straßen: im Süden: sehr bergig, viele steile Straßen ohne Standstreifen, oft auch ohne Gehweg, im ganzen Land: fehlender Standstreifen, wenige Kreisverkehre und Tollstationen, viele Polizeikontrollen

Trampen: Menschen halten sehr selten an, egal, welche Taktik man verwendet, man kommt langsam voran (bergiges Terrain und viele LKWs), und wenn es mal schnell vorangeht, rasen die Kolumbianer*innen sehr gerne

Taktik/Positionierung: normales Trampen ist nicht möglich! am besten, ihr sprecht Leute direkt an oder ihr wendet die Tramper-Geheimwaffe Kolumbiens an und stellt euch hinter Polizeikontrollen (Menschen haben dann keine Angst mehr, euch mitzunehmen), viele Teile der Straßen sind aufgrund der Landschaft und der Infrastruktur schlichtweg untrampbar, es gibt kaum Platz zum Stehen und Halten

IN UTAH, IDAHO
UND DELAWARE
IST TRAMPEN
OFFIZIELL VERBOTEN!
→ JEDOCH HATTE ICH
IN IDAHO MEHRERE
POLIZEIKONTROLLEN
UND LIFTS UND ES
GAB NIE PROBLEME!

USA

Menschen: hilfsbereit, sehen es oft als ihre Verantwortung, zu helfen, haben aber eher ablehnende Haltung gegenüber Trampern und auch Angst (viele drogenabhängige und psychisch kranke Menschen leben in Amerika auf der Straße und trampen)

Straßen: amerikanische Interstates (größer, breiter, länger als anderswo), Highways (wie deutsche Bundesstraßen), sehr viel Platz, weites Land, keine Raststätten, nur an fast jeder Ausfahrt Tankstelle oder Fastfood-Restaurants

Trampen: sehr anstrengend, enttäuschend und spaßraubend zu trampen, dauert lange, bis Leute halten. Aufgrund der fehlenden Raststätten ist es zusätzlich schwer, und der Verkehr ist schnell, und es gibt viele Polizeikontrollen

Taktik/Positionierung: Kleide dich so seriös und gepflegt wie möglich und bleib nüchtern, um dich ganz klar von Obdachlosen abzugrenzen. Vermeide es, an Tankstellen und Auffahrten zu stehen. Es ist äußerst mühselig und kommt oft vor, dass man auch mal von Tankstellen verwiesen wird. Auf den großen Interstates findet man hin und wieder Leute, die »Cross-Country« fahren, auch wenn die Amis im Allgemeinen eher nicht sehr weit fahren

STATISTIK:
ZURÜCKGELEGTE DISTANZ: 11 010 km
ANZAHL DER LIFTS: 129
DURCHSCHNITTLICHE WARTEZEIT: 40 min 20 sek
STANDZEIT GESAMT: 69 h 55 min

NACHHALTIG UNTERWEGS
HAUSMITTEL

HONIG
ZUR LINDERUNG VON JUCKREIZ

→ WIRKT EBENSO AUCH ENTZÜNDUNGSHEMMEND!

→ DU KANNST AUCH SPITZWEGERICH ZUR LINDERUNG VON JUCKREIZ UND SCHMERZEN AUF DIE HAUT AUFTRAGEN

> DU KANNST IHN WELTWEIT AUF WIESEN ODER AM WEGESRAND FINDEN!

SO WIRD'S GEMACHT:
DAS BLATT MIT EINEM SCHARFEN MESSER SO WEIT WIE MÖGLICH IN BODENNÄHE ABSCHNEIDEN UND DAS GEL AUF DIE WUNDE ODER HAUT STREICHEN

SO WIRD'S GEMACHT:
EINFACH EIN FRISCHES PFLANZENBLATT ZWISCHEN DEN FINGERN ZERREIBEN UND DIE MASSE AUF DEN STICH AUFTRAGEN.

ALOE VERA GEL
BEI SONNENBRAND, OFFENEN WUNDEN UND VERBRENNUNGEN

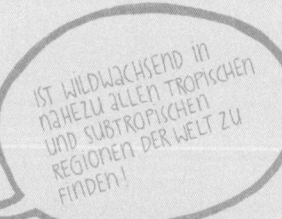

> IST WILDWACHSEND IN NAHEZU ALLEN TROPISCHEN UND SUBTROPISCHEN REGIONEN DER WELT ZU FINDEN!

→ DAS GEL KÜHLT UND VERSCHLIESST DIE WUNDEN

→ ES IST ENTZÜNDUNGS- HEMMEND, WUND- HEILEND UND IMMUN- STIMULIEREND

KOKOSÖL
GEGEN MOSKITOS

→ IN REGIONEN, WO DIE KOKOSPALME HEIMISCH IST, REIBST DU DICH AM BESTEN MIT KOKOSÖL EIN ZUM SCHUTZ VOR MOSKITOS!

> IMMER, WENN DU DICH ANGESCHLAGEN FÜHLST, KANNST DU EIN PAAR ESSLÖFFEL DAVON ZU DIR NEHMEN!

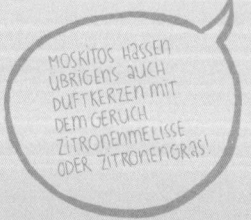

> MOSKITOS HASSEN ÜBRIGENS AUCH DUFTKERZEN MIT DEM GERUCH ZITRONENMELISSE ODER ZITRONENGRAS!

KNOBLAUCH, INGWER UND HONIG
ALS PFLANZLICHES ANTIBIOTIKA

SO WIRD'S GEMACHT:
EINE MITTELGROSSE INGWERKNOLLE REIBEN, EINE ZITRONE AUSPRESSEN, 1-2 KNOBLAUCHZEHEN FEIN HACKEN, UND ALLES MIT 2-3 EL HONIG IN EINEM EINMACHGLAS ODER EINEM EINFACHEN SCHRAUBGLAS VERMISCHEN. DANN EINEN TAG STEHEN LASSEN UND MEHR HONIG HINZUGEBEN.

»IM MORGENGRAUEN VERWANDELN SICH DIE FLUSSDELFINE IN HÜBSCHE MÄNNER, SCHLEICHEN SICH IN UNSERE DÖRFER UND SCHWÄNGERN UNSERE FRAUEN. MANCHMAL NEHMEN SIE SIE MIT IN IHR UNTERWASSERREICH, VON WO AUS SIE NIE ZURÜCKKEHREN.«

JOSÉ, KIWCHA-INDIANER

ZWISCHEN FLUCH UND IDYLLE

OBEN WIR, IN UNSEREM KANU »LANGER WEG«, FLEISSIG, ABER ENTSPANNT AM PADDELN
UNTEN NOCH SITZEN WIR ENTSPANNT AM UFERRAND – NUR WENIGE MINUTEN SPÄTER BRICHT EINE REGENFLUT AUF UNS HINAB

Im Morgengrauen verwandeln sich die Flussdelfine in hübsche Männer, schleichen sich in unsere Dörfer und schwängern unsere Frauen. Manchmal nehmen sie sie mit in ihr Unterwasserreich, von wo aus sie nie zurückkehren.« Wir sitzen in einer Holzhütte, tief im Amazonas-Regenwald, und hören neugierig den Geschichten von José zu. Ein paar Stunden zuvor hatte er uns vorbeipaddeln sehen und uns eingeladen, in der kleinen, mit Palmblättern gedeckten Hütte zu übernachten. Es ist stockfinster, und der Raum wird nur durch ein kleines Feuerchen der Kochstelle erhellt.

Vor einer Woche hatten wir die ecuadorianische Stadt Francisco de Orellana mit unserem Boot verlassen. Die nächste Stadt, die an ein reguläres Straßennetz angeschlossen ist, liegt 3000 Kilometer von uns entfernt: Manaus in Brasilien. Wie ein riesiges Kapillarsystem erstreckt sich der Amazonas über ein Gebiet von der Größe Australiens. Um näher an Natur, den Menschen und deren Kulturen unterwegs zu sein, hatten wir uns dazu entschieden, den Fluss mit einem Kanu zu bereisen.

Wir fanden ein Holzboot ein Stück flussabwärts von Francisco de Orellana in einer Gemeinschaft und blieben dort einige Tage, um uns mit den Gefahren des Amazonas vertraut zu machen. Ausgestattet mit Karten, einem Kompass, Gummistiefeln zum Schutz vor Schlangen, Macheten, Angelausrüstung und mehreren wasserdichten Boxen, um unsere Kleidung, Schlafsäcke und Lebensmittel vor dem tropischen Regen zu schützen, brachen wir dann an einem frühen, nebligen Morgen zu unserem Abenteuer auf.

Wir hatten viele Geschichten über die Geister des Amazonas gehört, aber die mit den Flussdelfinen, die manchmal in der Form eines Menschen erscheinen, ist neu für uns. »Viele dieser Geister leben hier. Im Fluss, im Dschungel, in der Luft. Die spirituelle Welt hat in der Kichwa-Kultur immer eine große Rolle gespielt«, fährt José fort. »Wir sind stolz auf unsere indigenen Wurzeln, Traditionen und Überzeugungen, aber es wird immer schwieriger, sie aufrechtzuerhalten. Zumindest hier, an den größeren Flüssen Amazoniens, ist die Moderne längst angekommen.«

Am nächsten Tag paddeln wir schon sehr früh am Morgen weiter. José und seine Familie stehen am Flussufer und winken uns zum Abschied hinterher. »Danke für alles!«, rufen wir ihnen zu, und einige Sekunden später treiben wir wieder mitten auf dem Fluss, umgeben von den mystischen Klängen des Regenwaldes.

Aber die Idylle ist angefressen. Immer wieder werden die Klänge des Dschungels durch ein lautes Poltern, das weit über die Wipfel schallt, übertönt. Ölfördertürme. Leider ist die Ausbeutung der Ressourcen und der Bewohner des Dschungels ebenso Teil der heutigen Realität wie die unberührte, überwältigende Natur und die noch bestehenden traditionellen Lebensweisen. Ölförderung, un-

ZUM ÜBERNACHTEN
SUCHEN WIR EIN UFER,
DAS HOCH GENUG
LIEGT, UM NICHT VON
NÄCHTLICHEN FLUT-
WELLEN ÜBERRASCHT
ZU WERDEN

OBEN VORBEREITUNG ZUM
ABENDESSEN: DIE KIDS WOLLEN
SICH HEUTE UMS FEUERMACHEN
KÜMMERN
UNTEN ABENDLICHES AUSLADEN
DES KANUS

GEWUSST?

ÄTHERISCHE ÖLE,
WIE Z.B. CITRONELLA,
ZIMT, ROSMARIN ODER
PFEFFERMINZE HALTEN
MOSKITOS FERN!

gen waren die Regenfälle so häufig, dass wir unsere Sachen kaum trocken halten konnten. Alles ist feucht und schimmelig. Selbst mein Rucksack ist mit einem pelzigen, grünlich blauen Schimmel überzogen, der Reis riecht muffig, und mein Schlafsack stinkt so ekelhaft, dass ich abends kaum schlafen kann. Aber immerhin können wir mit dem Regenwasser nun wieder unsere Trinkwasservorräte auffüllen.

Es ist eine Reise der Extreme. Wenn es nicht regnet, brennt die Sonne auf uns nieder. Die Mücken interessiert es nicht, ob es regnet oder die Sonne scheint – die sind allgegenwärtig, unsere ständigen Begleiter. Obwohl wir unsere verbrannte und schweißnasse Haut alle Minute lang mit Sonnencreme eincremen und eine Schicht Mückenschutz drübersprühen, stechen die Mücken unbeirrt weiter, und die Sonne verbrennt uns trotzdem. Ja, das ist der Dschungel, schön und gnadenlos zugleich.

kontrollierter Holzeinschlag, illegaler Goldabbau und Staudammprojekte hinterlassen überall ihre hässlichen Spuren von Zerstörung und Verschmutzung.

Wenn wir nicht in einer der zahlreichen Gemeinschaften am Fluss übernachten, suchen wir uns eine Sandbank oder eine Uferböschung, auf der wir unser Zelt aufschlagen können. Heute finden wir einen großen Strandabschnitt und beschließen, dort unser Nachtlager aufzuschlagen. Nachdem wir angelegt haben, heißt es: Kanu an einen stabilen Baum binden, unsere Kisten und Tonnen aus dem Kanu packen, Zelt aufbauen, Feuerholz sammeln, Lagerfeuer machen und Abendessen zubereiten. Auf unserem Menüplan steht fast jeden Tag das Gleiche: Bananen, Kochbananen, Yuka oder Reis. Manchmal finden wir auch eine Papaya oder Zuckerrohr oder bekommen von den Flussbewohnern einen Fisch geschenkt.

Plötzlich ziehen dicke schwarze Gewitterwolken auf, die sich vor den Mond schieben. Uns bleibt gerade noch Zeit, unser Gepäck im Zelt zu verstauen und die wasserfeste Plastikfolie an den Bäumen festzuzurren. Selbst wenn wir alles sorgfältig verpacken und verstauen, um es vor dem Regen zu schützen, kriecht die ständige Feuchtigkeit in jeden Winkel. In den letzten Ta-

1500 Kilometer und sechs Wochen liegen hinter uns, als wir die Grenze zu Brasilien und damit die Hälfte unserer Strecke nach Manaus erreichen. Wie an jeder Grenze müssen wir unsere Pässe abstempeln lassen und den Grenzübergang per Kanu bei der Marine melden. Dann kommt die große Überraschung: Unser Kanu wird von der peruanischen Hafenpolizei konfisziert, weil unsere Bootsdokumente wohl nur für Ecuador gültig waren. Widerspruch ist zwecklos. Die Beamten an der ecuadorianisch-peruanischen Grenze hatten uns ohne weitere Fragen durchgewunken, aber ihre Kollegen hier scheinen anderer Meinung zu sein. Wir haben also keine andere Wahl, als unsere Ausrüstung zu verkaufen und den nächsten Flussdampfer zu besteigen, der uns nach Manaus bringen wird. Wehmütig verabschieden wir uns von unserem Kanu »Langer Weg« und denken zurück an die unvergessliche Zeit im Amazonas. ●

Es ist eine Reise der Extreme. Alles ist feucht und schimmelig. Selbst mein Rucksack ist mit einem pelzigen, grünlich blauen Schimmel überzogen.

OBEN SIEGREICH AUF DEM AMAZONAS
RECHTS OBEN AN UNSERER HEUTIGEN KOCH-
STELLE. DIE GRUNDNAHRUNGMITTEL IM
AMAZONAS: MANIOKWURZEL UND KOCHBANANE
RECHTS UNTEN DIE SAFTIGEN MADEN WERDEN
ZUM ESSEN AUF HOLZZSTÄBCHEN GESPIESST UND
ÜBER DEM FEUER GEGRILLT

Janine Unfug war vor ihrer Reise Teamleiterin im Eventbereich, und **Fridolin Unfug** ist promovierter Ingenieur. Sie sind seit mittlerweile knapp zwei Jahren mit dem eigenen Fahrzeug als sogenannte Overlander auf Weltreise. In Tadschikistan nahmen sie die Hündin Pamira mit in ihre Familie auf.

www.a-fabulous-world.de

 a-fabulous-world   a.fabulous.world

IRAN

Es kann mittlerweile online beantragt werden. Das e-Visa-System hat zwar noch kleinere Schwächen, ist mittlerweile jedoch bereits sehr intuitiv und einfach. Dabei zu beachten ist, dass hier am Ende des Onlinevorganges leider kein Visum steht, sondern der Gang zu einer Botschaft. Im Antrag kann ein Konsulat weltweit ausgesucht werden, bei dem das Visum abgeholt wird. Wer im Iran sein Visum verlängern möchte (insbesondere bei der zweiten Verlängerung), muss nicht nur die notwendigen Unterlagen mitbringen, sondern auch zum Chef der Polizeistelle für Ausländer und sich in einem Interview beweisen. Allein die Sympathie im Gespräch mit dem Chef entscheidet, ob man die Visaverlängerung bekommt oder nicht.

ACHTUNG!
Es ist extrem wichtig, sich im Vorfeld zu informieren, in welchem Land Visumpflicht besteht, wo man das Visum bekommt und ob man das Visum gegebenenfalls im Reiseland verlängern kann. Visa müssen nicht grundsätzlich im Heimatland beantragt werden. Wir haben den Großteil unterwegs beantragt und glücklicherweise alle genehmigt bekommen.

Wichtig ist:
› ausreichend Passbilder und (optional) Ersatzpass dabei haben
› vollständige Unterlagen einreichen

MONGOLEI

In der Mongolei darf man sich 30 Tage visafrei aufhalten und kann in Ulaanbaatar oder Ölgii um weitere 30 Tage verlängern. Dafür wird ein Besuch beim Einwanderungsbüro fällig.

TURKMENISTAN

Das turkmenische Visum gilt als Lotterie. Tatsächlich scheint es von Lust und Laune der Bearbeiter abzuhängen, ob man es bekommt oder nicht. Gerüchteweise auch vom Aussehen der Antragsteller oder aber einfach von der Reiseart. Fakt ist, dass man letztlich nur für drei bis fünf Tage ein Transitvisum bekommt und das Land nicht aktiv bereisen darf, sondern lediglich durchqueren. Wer Interesse hat, das vom einem Diktator beherrschte Land zu bereisen, muss sich per Agentur einen Guide mieten und wird auf Schritt und Tritt überwacht. Vergleichbar mit Nordkorea. Selbst mit unserem Transitvisum wurden wir überwacht, denn an der Grenze erhielten wir ein GPS-Gerät ins Auto, das unsere Route trackte. Von der vorab angegebenen Route darf man nicht abweichen. Bezahlen durften wir für diese volle Kontrolle natürlich selbst vorab an der Grenze.

RUSSLAND

Dieses Visum ist fast ausschließlich im Heimatland zu beantragen. Transitvisa können auch unterwegs genehmigt werden. Für Langzeitreisende wie uns bietet sich ein Business-Visum an, da dies einen längeren Aufenthalt zum Beispiel für drei Monate ermöglicht. Agenturen bieten diesen Visatyp im Full Service an und kümmern sich um alle Formalitäten.

Gewusst?
Mit dem deutschen Pass kann man in 188 Länder visafrei einreisen! Verglichen mit anderen Ländern, gleicht das einem Sechser im Lotto! Spricht also alles fürs Überlandreisen.

VISA

VISA-PFLICHTIGE LÄNDER
(FÜR DEUTSCHE STAATSBÜRGER*INNEN)

· AFGHANISTAN
· ALGERIEN
· AQUATORIALGUINEA
· BHUTAN
· BURUNDI
· CHINA
· ELFENBEINKUSTE
· ERITREA
· GHANA
· GUINEA
· IRAK
· JEMEN
· KAMERUN
· KONGO
· DEMOKRATISCHE REPUBLIK KONGO
· KUBA
· LIBERIA
· LIBYEN
· MALI
· NAURU
· NIGER
· NORD-KOREA
· PAKISTAN
· RUSSLAND
· SAUDI-ARABIEN
· SIERRA LEONE
· SUDSUDAN
· SUDAN
· SYRIEN
· TURKMENISTAN
· TSCHAD
· ZENTRAL AFRIKANISCHE REPUBLIK

E-VISA:
· ANGOLA
· ASERBAIDSCHAN
· INDIEN
· MYANMAR
· NIGERIA
· USBEKISTAN

GRENZÜBERGÄNGE

DAS WURDE TEUER!

LANGWIERIGE ANGELEGENHEIT

Russland. Die russische Beamtin an der Passkontrolle schaute sich die Details der Passfotos ausgiebig an und kontrollierte peinlichst genau die Übereinstimmung mit der dazugehörigen Person vor ihr. Fridolins Passfoto war bereits ein paar Jahre alt, und mittlerweile haben sich seine Gesichtszüge ein bisschen verändert. Geschlagene fünf Minuten hat sie das Passfoto mit dem Gesicht verglichen, Fridolins Gesichtsposition korrigiert, um den richtigen Winkel zu haben, und alle Details begutachtet. Letztlich kam sie glücklicherweise zu dem Schluss, uns einreisen zu lassen.

PROBLEM GELÖST!

Turkmenistan. Hier waren wir uns mit den Einfuhrbestimmungen nicht ganz sicher. Rauchen ist in Turkmenistan nur innerhalb geschlossener Räume erlaubt (das ist nur eines der vielen skurrilen Gesetze des aktuellen Diktators), und die Einfuhr von Zigaretten ist beschränkt. Um nichts falsch zu machen, fragten wir den Kontrolleur bei der Fahrzeugkontrolle, ob die Mitnahme von Tabak okay ist. Der fackelt nicht lange und versteckt den Tabak kurzerhand unter unseren Couch-Polstern.

MEHR NEUGIER ALS KONTROLLE

Usbekistan. Hier haben sich gleich drei Beamte neben Fridolin im Bus gestapelt, um unser Inventar zu inspizieren. Auf dem beengten Raum zeigten die Grenzbeamten immer wieder auf Gegenstände oder Schränke, und Fridolin musste erklären, was es ist bzw. die Schränke öffnen. In einem Schrank entdeckte einer der Beamten eine graue Dose mit Damen-Hygieneartikeln. Er nahm einen Tampon aus der Box und fragte, was das sei. Fridolin schmunzelte zunächst und versuchte dem Beamten zu erklären, was das sei. Zwischenzeitlich steckte der sich den Tampon ins Ohr und fragte, ob das so richtig wäre. Als er schließlich verstand, worum es sich handelt, war das Gelächter groß, das Eis gebrochen und die graue Box ganz schnell wieder verschlossen.

BESTECHUNGS-GELDER AN DER TAGESORDNUNG

Kasachstan. Die Einreise nach Kasachstan hat sich etwas verzögert. Grundsätzlich ist es nicht gut, während der Mittagszeit an Grenzen zu gelangen, da man meist warten muss, bis alle ihre Pause beendet haben. An dieser Grenze kam noch hinzu, dass man uns bewusst etwas warten ließ. Einer der Beamten malte ein Dollarzeichen in den Staub in unserem Cockpit und wartete ab, ob daraus nicht eventuell echte Scheine erblühen. Ein anderer fragte unbeholfen nach, welche Währung wir denn in unserem Land hätten. Als alles nicht funktionierte und wir geduldig ausharrten, wurden wir zu guter Letzt noch nach einem »Souvenir« gefragt. Ein Foto mit uns wollte er leider nicht als Souvenir akzeptieren.

Tadschikistan. Hier haben wir neben den normalen Fahrzeuggebühren auch offizielle Kosten für einen Veterinär und eine Fahrzeugdesinfektion gezahlt. Dafür haben wir offizielle Dokumente und Rechnungen mit Stempel, Datum und so weiter erhalten. Dass wir weder ein Tier dabei hatten (unseren Hund haben wir erst in Tadschikistan adoptiert) noch jemand unser Auto desinfiziert hat, war irrelevant. Bestechungsgelder sind ein großes Thema in Zentralasien, und was Recht ist oder an welcher Stelle man übers Ohr gehauen wird, ist nicht immer leicht zu erkennen. Speziell nicht, wenn die Sprachbarriere extrem hoch ist.

WARTEZEIT: 4,5 STUNDEN

Georgien. Zuerst fuhren wir an der langen Truck-Warteschlange vorbei und haben uns gefreut, schon vor der Grenze zu stehen, doch dann sahen wir, dass die PKW-Warteschlange in einer Nebenstraße positioniert wurde, an der wir dann erst mal drei Kilometer zurückfahren mussten, bevor wir uns anstellen konnten.

EINS,2,FREI

www.eins2frei.com

 eins2frei

 eins2frei

Leonore Sibeth und **Sebastian Ohlert**, die beiden Wahl-Augsburger, änderten im März 2017 ihr Leben: Jobs und Wohnung haben sie gekündigt, die Möbel verkauft und Persönliches in Kisten verpackt. Mit Bus und Bahn reisten sie 20 Monate lang über Land nach und durch Asien. Mit einem Containerschiff überquerten sie den Pazifik und erkunden nun Mexiko. Sie reisen möglichst nachhaltig, langsam und bewusst. Das Flugzeug ist dabei tabu! Wichtig sind ihnen Begegnungen mit Menschen und das Infragestellen ihrer eigenen Bilder und Stereotypen.

STRECKE 57 000 KM **ZEITRAUM** MÄRZ 2017 BIS HEUTE **FORTBEWEGUNG** BUS, ZUG, PER ANHALTER, SCHIFF, FAHRRAD, PFERD, ZU FUSS **REISENDE** LEO UND SEBASTIAN **BEREISTE LÄNDER** DEUTSCHLAND, ÖSTERREICH, SLOWAKEI, UNGARN, SERBIEN, BULGARIEN, TÜRKEI, IRAN, TURKMENISTAN, USBEKISTAN, TADSCHIKISTAN, KIRGISISTAN, KASACHSTAN, CHINA, PAKISTAN, INDIEN, NEPAL, LAOS, THAILAND, MALAYSIA, SINGAPUR, KAMBODSCHA, VIETNAM, HONGKONG, SÜDKOREA, MEXIKO

REGENS-BURG
BUDA-PEST
BEL-GRAD
SOFIA
ISTAN-BUL
ERZURUM
VAN
TEHERAN
ISFAHAN
ASHGABAT
SAMAR-KAND
ISHKA-SHIM
ISLAMA-BAD
KORGALZ-HYN
BISCHKEK
KAXGAR
TURFAN
XINING
SEOUL
ZIGONG
SHANG-HAI
KATH-MANDU
NEU DELHI
KOLKATA
HONG KONG
LUANG PRABANG
MUMBAI
BHIMA-VARAM
AGONDA
BANGKOK
PHNOM PENH
HO-CHI-MINH-STADT
SINGA-PUR

INTERVIEW

EINS,2,FREI
INTERVIEW

Liebe Leo, lieber Sebastian, ihr reist seit März 2017 ohne Flugzeug und möglichst nachhaltig um die Welt. Eigentlich wolltet ihr nur ein Jahr unterwegs sein, Richtung Asien über Kirgisistan nach Indien und dann wieder zurück. Momentan seid ihr in Mittelamerika und immer noch auf Reisen. Das mit der Heimreise hat wohl nicht so gut geklappt. Was hat euch dazu bewogen, immer weiterzureisen?

Sebastian:

Einen längeren Zeitraum als ein Jahr konnten wir uns bei Reisebeginn gar nicht vorstellen. Gegen Ende des ersten Jahres haben wir dann gemerkt, dass uns die Reise immer noch extrem viel Spaß macht und wir täglich neue Erfahrungen sammeln können. Daher wollten wir einfach noch nicht nach Hause zurückkehren.

Leo:

Das sind wohl die Unabwägbarkeiten des Reisens. Wir sind frei von Verpflichtungen in unsere Reise gestartet, denn Wohnungen und Jobs hatten wir gekündigt. Somit gab es nichts, was uns gegen Ende des ersten Jahres zwingend wieder zurückzog. Und da wir deutlich günstiger reisen, als wir vorab kalkuliert hatten, ließen unsere Ersparnisse die Verlängerung um ein weiteres Jahr zu.

Bevor ihr zu eurer Reise aufgebrochen seid, hattet ihr beide einen ganz normalen Job. Du, Leo, als Trainerin für interkulturelles Lernen und du, Sebastian, als Wirtschaftsingenieur. Ihr hattet eine gemeinsame Wohnung, einen klassischen Alltag, praktisch ein ganz »normales« Leben. Gab es einen bestimmten Auslöser für das In-die-Tat-Umsetzen eurer Reise? Was war eure Motivation?

Sebastian:

Wir sind beide schon immer gerne gereist und hatten in den Jahren zuvor auch schon gemeinsame Urlaubsreisen nach Äthiopien, Indonesien und in den Oman unternommen. Beide hatten wir seit langer Zeit den Traum, einmal eine längere Reise zu machen, die mindestens ein Jahr dauert. Ich habe dann im Internet einen Artikel gelesen, der die zehn besten Gründe für eine Weltreise aufgeführt hat. Irgendwann haben wir damit begonnen, uns konkreter damit auseinanderzusetzen.

Leo:

Als die Idee für unsere Reise geboren war, haben wir darüber nachgedacht, wann ein guter Zeitpunkt für den Start der Reise wäre. Wir wollten die Reise gerne machen, bevor wir eine Familie gründen. Als dann mein dreijähriges Projekt bei der Arbeit dem Ende zuging, haben wir entschieden, dass wir losreisen werden.

Wie fiel die Entscheidung auf nachhaltiges Reisen?

Leo:

Ich habe fast vier Jahre als Umweltbildungsreferentin bei der Umweltstation in Augsburg gearbeitet. Während dieser Zeit habe ich viel über nachhaltiges Leben gelernt und das Gelernte nach und nach in meinen persönlichen Alltag integriert. Da kam es für mich nicht in Frage, für unsere Reise mit einem Round-the-World-Ticket um die Welt zu jetten. Weil wir für die Reise anfangs ein Jahr eingeplant hatten, haben wir gedacht, dass es auch anders geht. Auf das Transportmittel Flugzeug wollten wir unbedingt verzichten.

ICH DENKE, DASS WIR DURCH DIE REISE GENÜGSAMER GEWORDEN SIND. WIR BRAUCHEN NICHT ZWANZIG PAAR SCHUHE UND ZEHN VERSCHIEDENE PULLOVER, UM GLÜCKLICH ZU SEIN. AUCH EIN TOLLES AUTO ODER DAS NEUESTE HANDY SIND FÜR MICH NICHT WICHTIG.

MIT DEM CONTAINERSCHIFF ÜBER DEN PAZIFIK

KOSTEN
100-130 € PRO TAG

BÜROS & WEBSEITEN

langsamreisen
www.langsamreisen.de

THE CRUISE PEOPLE
www.cruisepeople.co.uk

WICHTIG:

Man muss mit den Abfahrtszeiten flexibel sein, da die Schiffe nur alle paar Wochen fahren und sich die genaue Abfahrtszeit um ein paar Tage hin oder her verschieben kann. Man braucht ein Gesundheitszeugnis vom Arzt und eine Auslandskrankenversicherung mit Rücktransport.

Bisher habt ihr auf eurer Reise die unterschiedlichsten Transportmittel benutzt. Welche waren das? Welches war euer persönlicher Favorit und warum?

Sebastian:
Bislang sind wir auf unserer Reise mit Bussen, der Bahn, Fahrrädern und Schiffen gefahren, haben getrampt, sind auf Pferden geritten und zu Fuß gelaufen. Am besten hat mir das Fahrrad gefallen, mit dem wir in drei Wochen 1000 Kilometer durch Vietnam gefahren sind. Mit dem Fahrrad waren wir schnell genug, um an einem Tag längere Strecken zurücklegen zu können, aber trotzdem so langsam, dass wir unterwegs überall anhalten konnten, wenn wir etwas Spannendes sahen. Diese Möglichkeit haben wir ausgiebig genutzt und uns unter anderem die Reisernte angeschaut, die gerade in vollem Gange war.

Ihr habt Ende des letzten Jahres den Pazifik mit dem Containerschiff überquert. Das heißt 18 Tage auf See. Wie war das für euch?

Sebastian:
Es war ein einmaliges Erlebnis. 18 Tage lang waren wir auf See und haben dabei 13 500 Kilometer auf dem Pazifik zurückgelegt. Für so lange Zeit nichts als Wasser um uns herum zu sehen und zu wissen, dass wir im Falle einer Panne vielleicht tagelang auf Hilfe warten müssen, war beängstigend. Doch die 25 Besatzungsmitglieder haben alle sehr professionell gearbeitet und gaben uns so ein Gefühl der Sicherheit.

Leo:
Es war toll! Einmal selbst ein so riesiges Schiff zu sehen, die Abläufe zu erleben und mit der Crew ins Gespräch zu kommen war eine spannende und ganz besondere Erfahrung, die wir nie vergessen werden.

OBEN LEO UND SEBASTIAN IN TADSCHIKISTAN
MIT BLICK NACH AFGHANISTAN
MITTE LINKS DIE CREW DES CONTAINERSCHIFFES
MITTE RECHTS UND UNTEN LINKS DAS CONTAINERSCHIFF
UNTEN RECHTS LEO IM MASCHINENRAUM

2 JAHRE WELTREISE
in Daten und Fakten

Transport-
mittel nach
gereisten
Kilometern

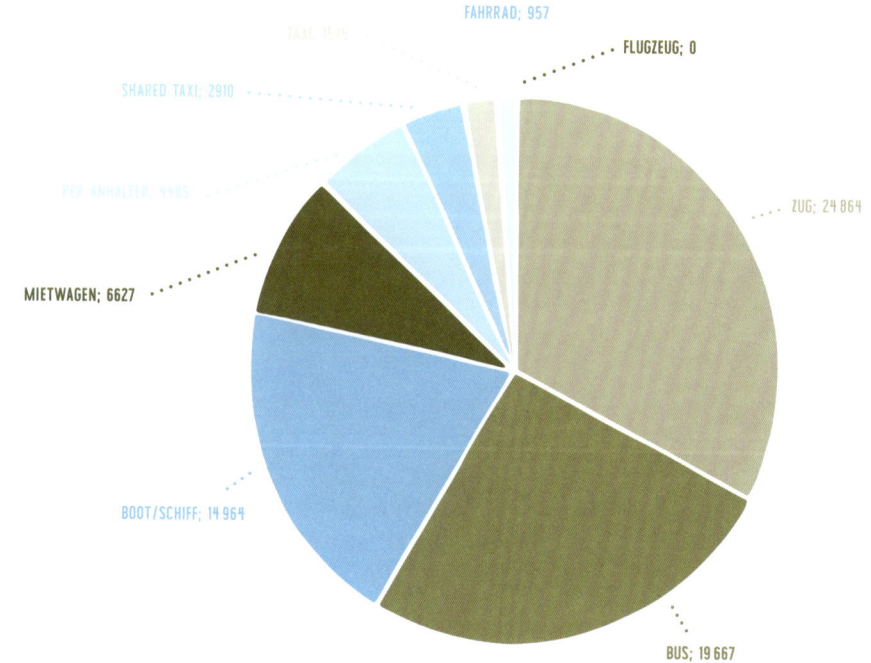

FAHRRAD; 957

FLUGZEUG; 0

TAXI; 1575

SHARED TAXI; 2910

ZUG; 24 864

PER ANHALTER; 4405

MIETWAGEN; 6627

BOOT/SCHIFF; 14 964

BUS; 19 667

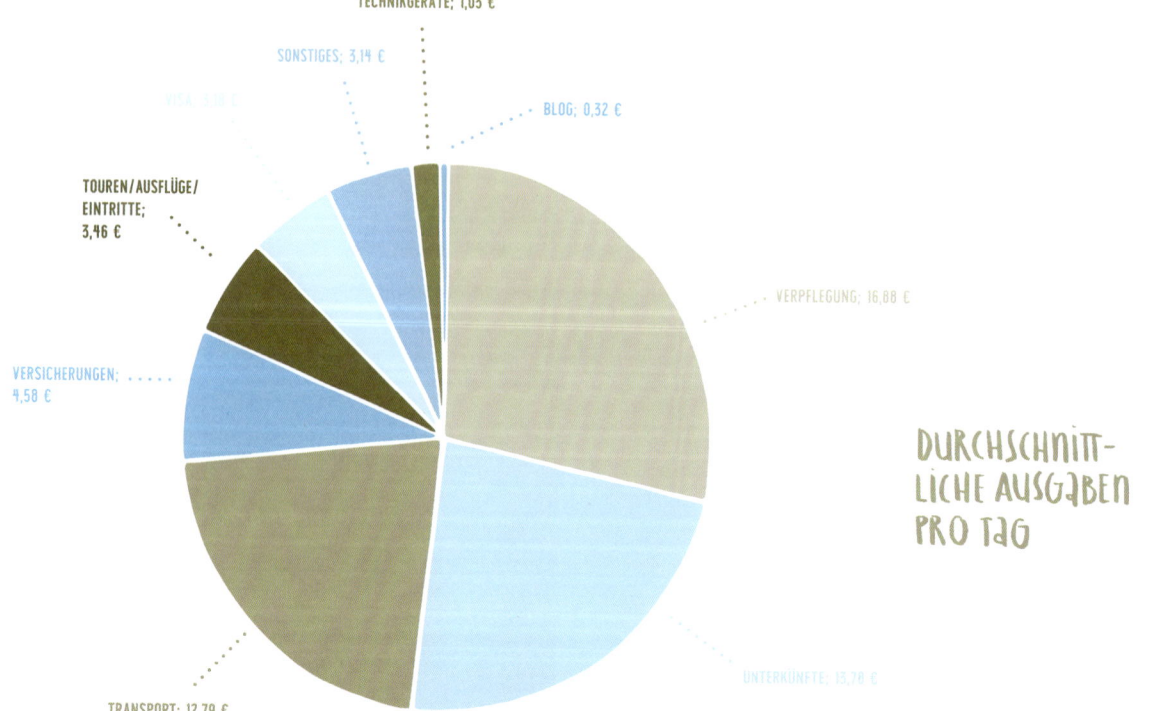

TECHNIKGERÄTE; 1,03 €

SONSTIGES; 3,14 €

VISA; 3,36 €

BLOG; 0,32 €

TOUREN/AUSFLÜGE/
EINTRITTE;
3,46 €

VERPFLEGUNG; 16,88 €

VERSICHERUNGEN;
4,58 €

UNTERKÜNFTE; 15,78 €

TRANSPORT; 12,79 €

Durchschnitt-
liche Ausgaben
pro Tag

AUSGABEN IM 1. JAHR

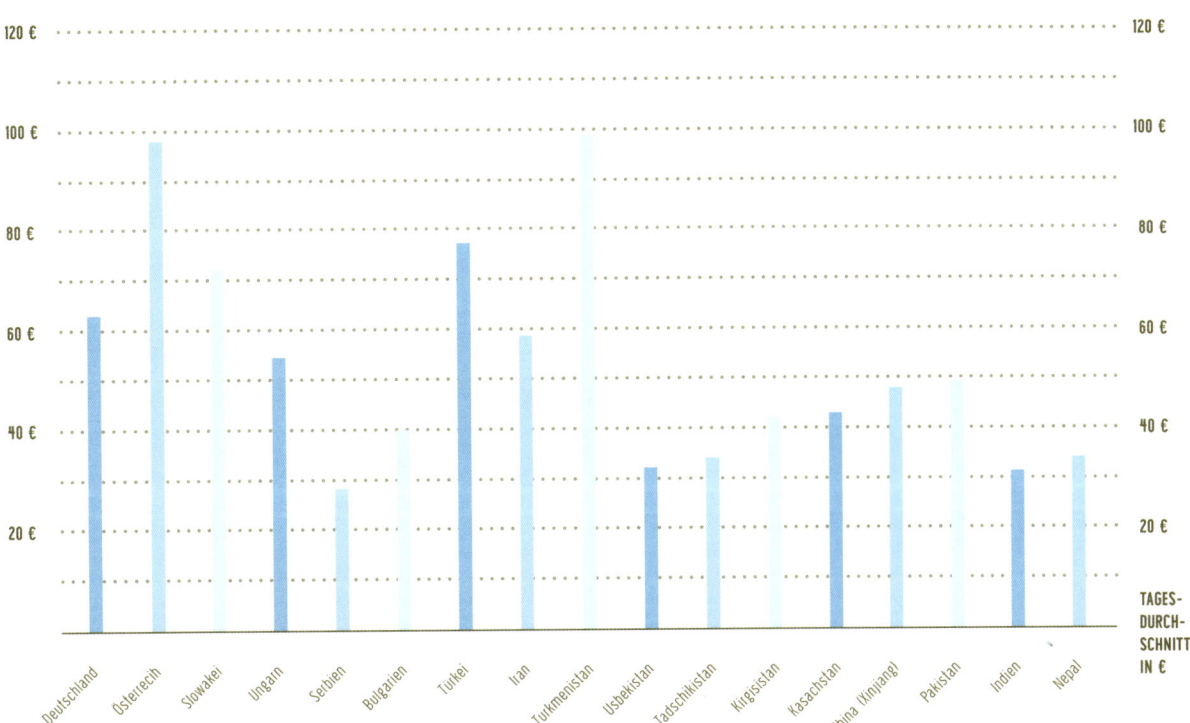

AUSGABEN IM 2. JAHR

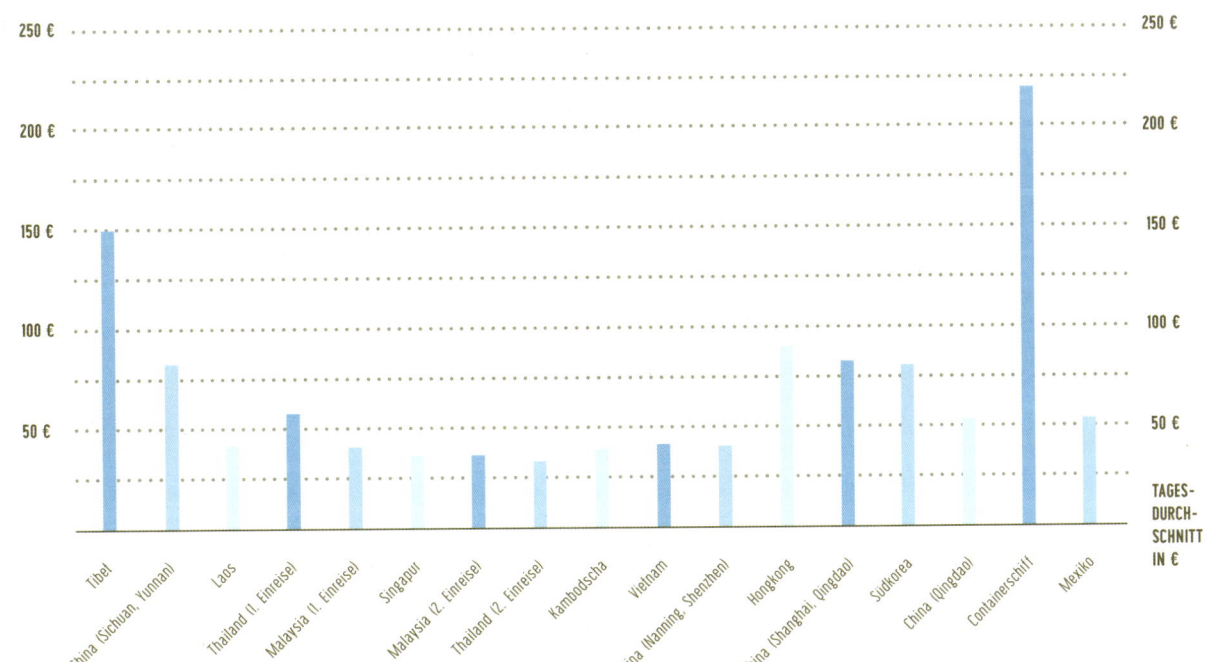

AM KARAKORUM-
HIGHWAY, AUF DEM
WEG ZUM BERG
NANGA PARBAT

Wie sah der Alltag auf dem Schiff aus? Konntet ihr auch in den Alltag der Crew und des Kapitäns eintauchen?

Leo:
Wir hatten Sorge, es könne uns langweilig werden, und uns vorab sicherheitshalber mit Büchern und Musik eingedeckt. Doch diese Sorge war unbegründet. Das lag vor allem an der tollen Crew, der wir all unsere Fragen stellen durften, und an den Freiheiten, die wir an Bord hatten: Zu jedem Zeitpunkt durften wir die Brücke besuchen, sehr häufig den Maschinenraum, und immer, wenn das Wetter gut war, konnten wir einen Spaziergang auf dem Deck unternehmen. Zusätzlich bot das Schiff einige Freizeitmöglichkeiten wie eine Tischtennisplatte und zwei Fitnessräume. Außerdem waren wir mit einer langen To-do-Liste an Bord gekommen, denn wir schreiben einen Reiseblog, und für den gibt es immer etwas zu tun.

Sebastian:
An Bord war es nicht immer so ruhig, wie man vielleicht denken mag. Wir sind in die Ausläufer eines Sturms geraten, wodurch das Schiff so stark geschwankt hat, dass wir aus Sicherheitsgründen nicht mehr an Deck gehen durften und nachts kaum schlafen konnten. Langweilig wurde es auch sonst nicht, weil wir der Besatzung im Arbeitsalltag über die Schulter schauen konnten.

Was reizt euch am Überlandreisen am meisten? Was schätzt ihr tagtäglich daran?

Sebastian:
Das Beste am Reisen über Land ist, dass man nicht einfach vermeintlich »schwierige« Länder überspringen kann. Nur dadurch sind wir überhaupt durch Pakistan gekommen, was sich als eines der Highlights unserer Reise herausgestellt hat. Die Menschen dort sind uns ausgesprochen gastfreundlich und hilfsbereit begegnet, und die Berge des Karakorumgebirges waren atemberaubend.

Leo:
Dadurch, dass wir ausschließlich über Land und Wasser reisen, ergeben sich kaum krasse Schnitte bezüglich Kultur, Essgewohnheiten und Sprache. Bis auf ein paar Ausnahmen haben wir Grenzen als fließenden Übergang zwischen zwei Ländern und deren

Eigenheiten und Gebräuchen wahrgenommen. Dadurch, dass wir nicht fliegen, haben wir auch nie einen Jetlag.

Gab es Schlüsselerlebnisse, die nur durch diese Art des Reisens möglich waren?

Leo:
Die Reise von Kathmandu nach Lhasa in Tibet war für mich eine einmalige Erfahrung, die wir nur gemacht haben, weil es für uns keinen anderen Weg gab, um über Land von Indien nach Südostasien zu reisen. Es war unglaublich spannend, die Landschaft, die Menschen und die Kultur einer Gegend zu erleben, die relativ wenig von ausländischen Tourist*innen besucht wird bzw. werden darf.

Nach fast zwei Jahren, in denen ihr langsam, nachhaltig und ohne Luxus unterwegs seid, hat sich mit Sicherheit auch viel in euch verändert. Wie hat diese Form des Reisens euer Wesen »nachhaltig« geprägt?

Sebastian:
Ich denke, dass wir durch die Reise genügsamer geworden sind. Wir brauchen nicht zwanzig Paar Schuhe und zehn verschiedene Pullover, um glücklich zu sein. Auch ein tolles Auto oder das neueste Handy sind für mich nicht wichtig. Während der Reise haben wir gelernt, welchen Stellenwert Zeit für uns hat. Zeit, neue Dinge auszuprobieren, neue und bekannte Menschen zu treffen, und Zeit für uns selbst.

Ihr sitzt bestimmt manchmal an einem Fleckchen Erde, von dem ihr nie dachtet, es einmal bis dorthin zu schaffen und es einmal zu sehen, und seid verwundert, wie weit ihr gekommen seid trotz all der Ängste, all dem Respekt vor dem Aufbruch eurer Reise. Welche Ängste/Vermutungen haben sich bewährt, welche waren total unbegründet?

Leo:
Als wir zu Beginn unserer Reise in der Türkei waren, stand gerade ein Referendum an, weshalb die politischen Beziehungen zwischen Deutschland und der Türkei recht angespannt waren. Wir hatten zwar nicht wirklich Angst, aber die Sorge, dort als Deutsche

OBEN AUF DEM »PANORAMAWEG« RICHTUNG MANANG IM ANNAPURNA-GEBIRGE IN NEPAL
UNTEN WANDERN IM ANNAPURNA-GEBIRGE IN NEPAL, BLICK AUF EIN BERGDORF UND DIE TERRASSENFÖRMIG ANGELEGTEN FELDER

nicht willkommen zu sein. Doch schon im Bus, mit dem wir von Bulgarien nach Istanbul fuhren, kamen wir mit einer türkischen Frau ins Gespräch, die ihren Proviant mit uns teilten, auch wenn wir uns mit Worten kaum verständigen konnten. Beim Aussteigen rief sie uns mit einem freundlichen Lächeln zu: »Germany, Turkey – friends!« So oder so ähnlich ging es uns in ganz vielen Ländern, und besonders in denen, die in den europäischen Medien einen eher schlechten Ruf haben.

Was sollte man an Vorbereitungen für die Reise treffen, welche sind überflüssig?

Leo:
Unsere Erfahrung ist, dass man die Dinge zu Hause so hinterlassen sollte, dass man sich von unterwegs aus um so wenig wie möglich kümmern muss. Konkret macht es mehr Sinn, aus einer Mietwohnung auszuziehen, als eine*n Zwischenmieter*in zu nehmen. Denn so kann man sich mental viel besser auf die Reise einlassen und muss sich nicht darum kümmern, wenn der/die Mieter*in auf einmal auszieht oder es sonstige Probleme mit der Wohnung gibt. Auch kann man so die Reise verlängern, wenn man noch nicht nach Hause zurückkehren möchte.

Sebastian:
Man sollte sich arbeitslos melden, denn dann hat man einen Anspruch auf Arbeitslosengeld I, wenn man innerhalb von vier Jahren wieder nach Deutschland zurückkehrt. Es ist für die meisten Länder nicht notwendig, Visa schon von daheim aus zu beantragen. Fast immer ist das im jeweiligen Nachbarland oder direkt bei der Einreise möglich. Wenn man das Visum bereits im Pass kleben hat, gibt es auch immer ein Ablaufdatum, was auf Kosten der Flexibilität während der Reise geht.

Ihr achtet ja sehr darauf, so wenig wie möglich den Ländern und der Umwelt zu schaden. Was tut ihr, um vor Ort so nachhaltig wie möglich zu leben?

Leo:
Der Verzicht auf das Flugzeug ist das eine. Dazu kommt aber auch, wenn möglich auf Wasser aus Plastikflaschen zu verzichten und es stattdessen entweder zu entkeimen, abzukochen oder auf Pfand-

kanister zurückzugreifen. Generell sind wir bewusst unserem Plastikkonsum gegenüber, und auch unser restlicher Konsum ist dank des Reisens mit einem Rucksack eingeschränkt: Jedes Kilo, was wir kaufen, schleppen wir am Ende des Tages auf dem Rücken mit uns herum. Somit ist »shoppen« für uns seit Reisebeginn kein Thema mehr.

Gibt es Situationen im Alltag, in denen es schwierig ist, nachhaltig zu leben?

Sebastian:
Die gibt es auf jeden Fall. Auf einer langen Bus- oder Zugfahrt kaufen auch wir Wasser in Einweg-Plastikflaschen, weil es eben in diesen Momenten ganz einfach nichts anderes gibt. Manchmal sind wir regelrecht entsetzt, welchen Verpackungswahn es in einigen Ländern gibt. In China ist es uns öfter passiert, dass wir eine Packung Kekse gekauft haben, in der jeder Keks noch einmal einzeln in Plastik eingepackt war.

Wo stoßt ihr kulturell bedingt an nachhaltige Grenzen? Es ist ja nicht immer ganz einfach, mit einem nachhaltigen Bewusstsein durch Länder wie zum Beispiel Indien zu reisen, wo Plastikflaschen, ohne nachzudenken, einfach aus den Bussen herausgeworfen werden? Habt ihr Konzepte für euch entwickelt, um damit klarzukommen und so etwas vielleicht auch zu beeinflussen, wenn ja, wie sehen diese aus?

Leo:
An nachhaltige Grenzen stoßen wir vor allem beim Thema Müll. In vielen Ländern gibt es kein funktionierendes Abfallverwertungssystem, von Mülltrennung ganz zu schweigen. Wenn es gut läuft, gibt es außerhalb der Stadt eine zentrale Sammelstelle, auf der der Müll verbrannt wird. Oft haben wir aber auch improvisierte Müllhalden in der unmittelbaren Nähe zu Wohnhäusern gesehen. Wenn Müll einfach liegen gelassen oder in der Natur entsorgt wird, versuchen wir, mit gutem Beispiel voranzugehen, und nehmen die Sachen in einer Tüte mit, bis wir einen Mülleimer finden. Wenn wir Leute näher kennenlernen, erzählen wir manchmal von der Mülltrennung daheim, für die es verschiedene Mülleimer gibt. Den Menschen in den Ländern machen wir keinen Vorwurf für den Umgang mit Müll. Wir können nachvollziehen, dass es für die Men-

schen schwierig ist, ihren Müll »richtig« zu entsorgen, wenn es
keine Mülleimer und keine Müllabfuhr gibt.

**Was kommt euch zuerst in den Kopf, wenn ihr daran denkt,
was ihr auf Reisen gelernt habt? Von wem habt ihr gelernt?**

Sebastian:
Auf dieser Reise haben wir gelernt, dass eigentlich alles möglich
ist – man muss nur wollen und einfallsreich sein. Wir haben unterwegs viele Reisende getroffen, die mit dem Fahrrad unterwegs
waren. Als wir in Vietnam waren, wollten wir das selbst auspro-
bieren. Räder hatten wir jedoch keine und eigentlich auch viel zu
viel Gepäck, um es mit dem Fahrrad zu transportieren. In Ho-Chi-
Minh-City haben wir Couchsurfing gemacht und von unseren Gast-
gebern viele Tipps für die Organisation unserer Tour bekommen.
Fünf Tage später waren wir abfahrbereit und haben drei Wochen
lang eine einmalige Fahrradtour durch den Süden Vietnams erlebt.

Welche Länder haben euch am meisten verändert/inspiriert?

Leo:
In Hyderabad in Indien haben wir ein Künstlerpaar kennengelernt,
das sich durch Street-Art und künstlerische Aktionen mit Miss-
ständen in ihrer Heimatstadt und der Region auseinandersetzt. Es
war inspirierend, zu sehen, dass es die beiden mit viel Talent und En-
gagement schaffen, eine öffentliche Diskussion in Gang zu setzen.

Sebastian:
Mich hat vor allem die unglaubliche Gastfreundschaft inspiriert,
die wir in fast allen Ländern erlebt haben. Unzählige Male wurden
wir zum Essen eingeladen oder durften sogar bei Fremden übernachten. Von dieser Gastfreundschaft möchten wir unbedingt etwas zurückgeben, sobald wir wieder einen festen Wohnsitz haben.

Welche Orte/Erlebnisse waren eure persönlichen Highlights?

Leo:
Eine der schönsten Begegnungen der letzten Monate erlebten wir
in China: Vor der Abfahrt unseres Frachtschiffs durften wir eine
Woche lang bei einer Familie in Qingdao wohnen, die wir Monate
zuvor an einem ganz anderen Ort in China kennengelernt hatten.

VEGANE RESTAURANTS
HO CHI MINH CITY

① PHUC QUANG CHAY
(VEGAN)
41 NGUYEN VAN TRANG,
P. BEN THANH, DISTRICT 1,

MO-FR 9 am - 2 pm,
MO-SO 4 pm - 9:30 pm

viele vietnamesische
Gerichte (roh und organic),
FRUCHTSÄFTE & kokosnusslasser!

② VEGGIE SAIGON (VEGAN)
42 DE THAM ST, DISTRICT 1, ...
MO-SO 8 am - 10 pm

vietnamesische & internationale
Gerichte (modern & traditionell)
(Nudelgerichte, Frühlingsrollen,
Tofu, hot pots, Suppen)

③ KAI MINH 1 (VEGAN)
157 DIEN BIEN PHU STREET, F 15,
Q BINH THANH, ...
MO-SO 6 am - 9 pm
kleines, familiengeführtes
Restaurant (organic, take-out)
Pancakes, Nudeln, Reis, Tee,
Desserts (kein Zucker!)
(auch makrobiotisch)

GIBT 178 vegane/veggie RESTAURANTS
insgesamt !!!

OBEN AUF DER WANDERUNG IM ANNAPURNA-GEBIRGE IN NEPAL
MITTE LINKS EINLADUNG ZUM ESSEN IN ISLAMABAD
MITTE RECHTS NEPALESISCHES DAL BHAT
UNTEN ABENDESSEN BEI UNSEREN HOSTS IN INDIEN

OBEN LEO UND SEBASTIAN WÄHREND IHRER FAHRRADTOUR DURCH VIETNAM
MITTE LINKS COUCHSURFING IN HO-CHI-MINH-CITY IN VIETNAM
MITTE RECHTS VIETNAMESISCHES DINNER
UNTEN IM BUOCH-DONG-RESERVOIR IN VIETNAM

Obwohl die Familie selbst sehr volle Tage hatte, haben sie sich rührend um uns gekümmert und für uns gekocht. Diese uneingeschränkte Gastfreundschaft hat uns sehr beeindruckt, und wir hoffen, dass sie uns in der Zukunft in unserem Zuhause besuchen werden.

Sebastian:
Ein Highlight für mich war unsere 17-tägige Wanderung in den Bergen Nepals. Ohne Guide oder Träger sind wir aus eigener Kraft von einem Dorf auf 700 Metern bis auf den Thorong-La-Pass auf 5.416 Metern gewandert. Auch wenn einige Tagesetappen körperlich sehr anstrengend waren, war es ein unglaubliches Gefühl, am Passtag ganz oben zu stehen und das Bergpanorama des Himalayas um uns herum zu sehen.

Das Überlandreisen ist, wenn man so wie ihr mit öffentlichen Verkehrsmitteln oder per Anhalter reist, sehr nah an den Menschen, am Alltag, an der Kultur des Landes dran, und es ist mit Sicherheit manchmal eine Herausforderung für euch, all diese Eindrücke zu verarbeiten und zu ordnen. Was habt ihr für Taktiken entwickelt, um damit umzugehen? Gibt es ein Geheimrezept für euch?

Sebastian:
In der Tat erleben wir unterwegs oft so viel, dass es schwierig ist, das alles zu verarbeiten. Das Gute ist, dass wir zu zweit unterwegs sind und so am Abend oder am nächsten Tag über das Erlebte sprechen können. Auch nehmen wir uns nach Tagen oder Wochen voll neuer Eindrücke gerne für ein paar Tage eine kleine Wohnung oder machen House-Sitting. So haben wir genügend Zeit, um über die Erlebnisse nachzudenken und uns neu zu sortieren.

Leo:
Ich schreibe Tagebuch, und das hilft mir sehr, die vielen Eindrücke festzuhalten. Auch hilft es uns, das Erlebte auf unserem Reiseblog www.eins2frei.com zu reflektieren und festzuhalten.

OBEN Beim Reiten in Kirgisistan
MITTE Blick auf den Fluss Panj,
am Horizont erscheint der Hindukusch
UNTEN Ein Buffet in Tadschikistan

MEHR PRAKTISCHE APPS UND WEBSEITEN FÜRS REISEN ÜBER LAND UND WASSER

EIN MUST-HAVE:

› iOverlander
Auf dem iOverlander-Kartenmaterial kann man mehr erkennen als nur den richtigen Weg. So zeigt die App auch GPS-Daten von Campingplätzen (offiziell und wild, kostenlos und kostenpflichtig), Wifi, öffentlichen Brunnen, Propangasversorgung, Fährverbindungen, Orten, die zu meiden sind, korrupten Grenzbeamten und vieles mehr an.

NACHHALTIGER LEBEN UND REISEN

› fairunterwegs.org
Ein unabhängiges, werbefreies Reiseportal mit Faustregeln, praktischen Tipps, Infos und Inspirationen für einen fairen Umgang mit Mensch und Natur auf Reisen.

› Ein-guter-Tag-App — Tag für Tag ein guter Tag
Diese App hilft dir dabei, einen bewussteren Lebensstil zu entwickeln. Ein guter Tag hat 100 Punkte. 100 Punkte entsprechen 6,8 Kilogramm CO_2-eq. Dies ist die Menge an CO_2-eq, die jeder Mensch pro Tag ausstoßen darf. Wer mehr verbraucht, lebt auf Kosten anderer Menschen.

SOZIALE INTERAKTION

› nomadwiki.org
Eine Plattform für Nomaden mit Infos und Tipps über günstiges Reisen, freies Campen und allem Möglichen, was zum Tramp-Lifestyle dazugehört.

› trustroots.org
Eine Plattform für Reisende zum Teilen, Austauschen, Übernachten, Vernetzen und so weiter.

› Wiffinity
Auch wenn es Luxus ist, im Urlaub offline zu sein, so kann Wifi ab und zu doch nützlich sein. Wiffinitiy zeigt dir, wo es kostenfreies WLAN gibt.

› Settle Up
Reisekosten splitten leicht gemacht. Im Applestore kostet die App 2,29 €, für alle Androidnutzer gibt es die Möglichkeit, Werbebanner in Kauf zu nehmen und im Gegenzug die App kostenfrei zu nutzen.

› Google Translate
Nützliche App zum Übersetzen von Sprachen. Mit der Möglichkeit von Offline- und Echtzeitübersetzung. Auch das Scannen von Fremdsprachentexten möglich.

› Duolingo
Einfaches und schnelles Lernen von Fremdsprachen.

› MosaLingua
Einfaches und schnelles Sprachenlernen. Auch das Wiederholen von Vokabeln ist hier möglich.

MOBILITÄT

› snappcar.de oder SnappCar-App
SnappCar ist eine App, mit der man sein eingenes Auto zum Car-Sharing anbieten kann bzw. ein privates Auto mieten kann. Der Mieter wird automatisch für gemietete Fahrzeuge versichert.

› blablacar.de oder BlaBlaCar-App
Über die App BlaBlaCar, lassen sich bequem Mitfahrgelegenheiten finden und anbieten.

SICHERHEIT

› Sicher Reisen
Diese App wurde durch das Auswärtige Amt entwickelt. Via Pushmitteilung werdet ihr immer auf dem aktuellsten Stand der Sichherheitslage eures Reiselandes gehalten.

› Global-Monitoring-App
Diese App funktioniert ähnlich wie die App Sicher Reisen. Auch diese berichtet über politische Unruhen, Terrorismus, Streiks, Hurrikans, Tsunamis, Erdbeben, Epidemien, Kriminalität und so weiter.

Das Überlandreisen bringt auch einige Schwierigkeiten mit sich, wie zum Beispiel Visabeantragungen und etliche Grenz-übergänge. Hat das meistens problemlos geklappt? Oder hat-tet ihr schwierige Situationen und Erlebnisse?

Sebastian:
In den allermeisten Fällen haben die Grenzübergänge ohne grö-ßere Schwierigkeiten funktioniert, was bestimmt auch daran liegt, dass wir uns gut vorbereiten und so schon vorher wissen, welche Dokumente oder Visa benötigt werden. Bei unserer ersten Einreise nach China hatten wir jedoch trotzdem eine Situation, die alles andere als angenehm war. Dabei wurden wir ohne ersichtlichen Grund durch die chinesischen Grenzbeamten voneinander getrennt, und ich sollte einem sehr unfreundlichen Beamten allein in einen separaten Raum folgen. Während ich alle Gepäckstücke auf dem Boden ausbreiten musste, schaltete der Beamte ein Elektroschock-gerät ein, um mich einzuschüchtern. Im Raum befanden sich zudem diverse Waffen und ein Metallstuhl mit Hand- und Fußfesseln. Der Beamte stellte viele unangenehme Fragen, die nichts mit einer nor-malen Kontrolle zu tun hatten (zum Beispiel zu meiner Meinung über Hitler). Die ganze Situation war sehr beklemmend, und wir waren froh, als wir nach über einer Stunde das Grenzgebäude end-lich verlassen durften. Unseren anschließenden Monat in China haben wir trotzdem genießen können und viele nette Menschen kennengelernt.

Welches Land fandet ihr am anspruchsvollsten zu bereisen, welches am unkompliziertesten? Warum?

Leo:
Der Pamir-Highway in Tadschikistan war anspruchsvoll zu bereisen, weil es dort praktisch keine öffentlichen Transportmittel gibt und die Übernachtungsmöglichkeiten und die Verpflegungssituation unterwegs sehr rudimentär sind. In China hatten wir zunächst Probleme mit der Verständigung, da wir kein Chinesisch sprechen und so mit den meisten Menschen keine gemeinsame Sprache hatten. Doch mit einigen praktischen Apps auf unserem Handy klappte das nach einiger Zeit immer besser.

Sebastian:
Singapur und Hongkong waren sehr unkompliziert, da dort der öffentliche Nahverkehr super organisiert ist und praktisch alle Menschen Englisch sprechen. Leider war es dort auch besonders teuer für uns.

Vielen Dank für das Interview, liebe Leo und lieber Sebastian! •

EINS, 2, FREI GRÜNDE FÜRS ÜBERLAND REISEN

1 EINFACH MACHEN! ES IST GAR NICHT SO SCHWIERIG, WIE DU VIELLEICHT DENKST!

2 EGAL WELCHES PROBLEM UNTERWEGS AUFTAUCHEN WIRD: DU WIRST DAFÜR EINE LÖSUNG FINDEN!

FREI BEI EINER REISE OHNE FLUGZEUG HAST DU DIE FREIHEIT UNABHÄNGIG VON VORGEFERTIGTEN FLUGROUTEN DEINEN GANZ EIGENEN WEG ZU FINDEN.

LINKS OBEN AM FLUSS PANJ IN TADSCHIKISTAN. ER MARKIERT DIE GRENZE ZU AFGHANISTAN
LINKS UNTEN Abendstimmung auf dem Pamir-Highway

DANKE

Dieses Buch konnte nur durch die wundervolle und engagierte Mithilfe unserer Autor*innen und Lektor*innen entstehen. Es war toll zu spüren, dass das Thema »Nachhaltig Reisen« auf solch unglaublich positive Resonanz stößt und dass die Bereitschaft, ein kreatives Projekt zu unterstützen, welches den Wunsch hat, die Gesellschaft zu einer nachhaltigeren und global-verantwortungsbewussteren zu verändern, als kollektive Selbstverständlichkeit aufgefasst wird. Wir hätten uns dies zu Beginn dieses Buches nie in diesem Ausmaß erträumen lassen. Dafür lohnt es sich, noch einmal DANKE zu sagen. Ein einziger Mensch verändert nun mal keine Welt, sondern nur wir alle zusammen.

DANKE AN ALL UNSERE AUTOR*INNEN UND FOTOGRAF*INNEN
DANKE AN UNSERE LEKTOR*INNEN: Jasmin Wieland, Simona Gogeißl, Gabriele Kreutzner, Wolfgang Ertel, Evelyn Ertel, Anna Lee Engel, Anja Schneider-Heer, Ioana Barbu-Kastrati, Hertha Tischler, Sarah Ehmann, Susanne Wieland

EIN WEITERER DANK AN: Sebastian Schaal, Katharina Ebinger, Linda Meer, Horst Wieland, Maggie Truong, Jan Bazing, Patrick Thomas, Hans-Georg Pospischil, Marcus Wichmann und alle anderen, die wir vergessen haben.

DIE HERAUSGEBER

Tobias Ertel arbeitete mehrere Jahre als freiberuflicher Fotograf und studiert nun Interaktionsgestaltung an der Hochschule für Gestaltung in Schwäbisch Gmünd. Seine Liebe zu fernen Ländern und der Natur spiegelt sich in seinen fotografischen Arbeiten wider. Trotz einiger Überlandreisen in ferne Länder in den letzten Jahren liegen ihm, getreu dem Motto »Warum in die Ferne schweifen, wenn das Gute liegt so nah«, vor allem regionale Reiseziele am Herzen. Wenn Tobias mal nicht auf Reisen oder am Studieren ist, füllt er seine Tage gerne mit dem Lesen wissenschaftlicher Artikel zu klimapolitischen und gesellschaftlichen Themen.

hello@mondo-magazin.de
www.mondo-magazin.de
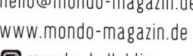 mondo_kollektiv

Pia Wieland studierte an der Stuttgarter Kunstakademie Kommunikationsdesign und arbeitet als freiberufliche Grafikerin und Illustratorin. Sie liebt es, durch die Welt zu ziehen und in fremden Ländern unterwegs zu sein, die Unterschiedlichkeit der Kulturen aufzusaugen und zu reflektieren. Alles am besten per Anhalter und mit Gitarre im Gepäck, so zufällig und spontan wie möglich, immer an jeder Ecke nach neuer Inspiration und einem neuen, kreativen Projekt Ausschau haltend. In ihrem Alltag und auf Reisen ist es für sie eine Selbstverständlichkeit, bestmöglich nachhaltig zu leben und zu handeln.

https://salon.io/piwihowland
hello@mondo-magazin.de
www.mondo-magazin.de
 mondo_kollektiv

DU HAST DAS BUCH ZU ENDE GELESEN?

... DANN GIB ES DOCH WEITER UND WERDE SOMIT TEIL EINER GEMEINSCHAFT, DIE ANDERE ZUM NACHHALTIGEREN ÜBERLANDREISEN INSPIRIERT UND MOTIVIERT!

DURCH TEILEN
NACHHALTIG UNTERWEGS

DIESES BUCH REISTE SCHON VON ... ZU ...

NAME	WOHNORT	LAND

LIEBLINGS-REISELAND	NÄCHSTES REISEZIEL

NAME	WOHNORT	LAND

LIEBLINGS-REISELAND	NÄCHSTES REISEZIEL

NAME	WOHNORT	LAND

LIEBLINGS-REISELAND	NÄCHSTES REISEZIEL

NAME	WOHNORT	LAND

LIEBLINGS-REISELAND	NÄCHSTES REISEZIEL

NAME	WOHNORT	LAND

LIEBLINGS-REISELAND	NÄCHSTES REISEZIEL

NAME	WOHNORT	LAND

LIEBLINGS-REISELAND	NÄCHSTES REISEZIEL

NAME	WOHNORT	LAND

LIEBLINGS-REISELAND	NÄCHSTES REISEZIEL

DURCH TEILEN
NACHHALTIG UNTERWEGS

DIESES BUCH REISTE SCHON VON ... ZU ...

NAME	WOHNORT	LAND

LIEBLINGS-REISELAND	NÄCHSTES REISEZIEL

NAME	WOHNORT	LAND

LIEBLINGS-REISELAND	NÄCHSTES REISEZIEL

NAME	WOHNORT	LAND

LIEBLINGS-REISELAND	NÄCHSTES REISEZIEL

NAME	WOHNORT	LAND

LIEBLINGS-REISELAND	NÄCHSTES REISEZIEL

NAME	WOHNORT	LAND

LIEBLINGS-REISELAND	NÄCHSTES REISEZIEL

NAME	WOHNORT	LAND

LIEBLINGS-REISELAND	NÄCHSTES REISEZIEL

NAME	WOHNORT	LAND

LIEBLINGS-REISELAND	NÄCHSTES REISEZIEL

IMPRESSUM

Gesund. Rückstandsfrei. Klimapositiv.

Der Knesebeck Verlag schützt das Klima und intakte Ökosysteme durch den Druck dieses Buches beim Ökopionier gugler*, dem weltweit ersten zertifizierten Anbieter für Cradle to Cradle Certified™-Druckprodukte.

Dieses Buch enthält nur gesunde Substanzen und kann daher — anders als herkömmlich gedruckte Bücher — zu 100 % wiederverwertet werden. Alle CO_2-Emissionen, die beim Druck dieses Buches entstanden sind, wurden zu 110 % kompensiert. In der Produktion kam ausschließlich Ökostrom zum Einsatz.
Das Cradle to Cradle Certified™-Zertifikat bestätigt das.

www.gugler.at

Cradle to Cradle Certified™ Pureprint
innovated by gugler*
Gesund. Rückstandsfrei. Klimapositiv.
www.gugler.at
Bindung ausgenommen

MIX
Papier aus verantwor-
tungsvollen Quellen
FSC® C005108

Deutsche Originalausgabe
Copyright © 2021 von dem Knesebeck GmbH & Co. Verlag KG, München
Ein Unternehmen der Média-Participations

Projektleitung: Hans Peter Buohler, Knesebeck Verlag
Gestaltung und Satz: Pia Wieland, Schorndorf
Umschlaggestaltung: Leonore Höfer, Knesebeck Verlag
Produktion und Herstellung: Arnold & Domnick, Leipzig
Druck: Gugler, Melk/Donau
Printed in Austria

ISBN 978-3-95728-436-5

www.knesebeck-verlag.de